Marcus Moritz Kalisch

Leben und Kunst - Gedichte in fünf Abteilungen

Marcus Moritz Kalisch

Leben und Kunst - Gedichte in fünf Abteilungen

ISBN/EAN: 9783743620810

Hergestellt in Europa, USA, Kanada, Australien, Japan

Cover: Foto ©Thomas Meinert / pixelio.de

Manufactured and distributed by brebook publishing software (www.brebook.com)

Marcus Moritz Kalisch

Leben und Kunst - Gedichte in fünf Abteilungen

Leben und Kunst.

Leben und Kunst.

Gedichte

in fünf Abtheilungen

von

M. M. Kalisch.

Leipzig,

Albert Fritsch.

1868.

Der Frau

Baronin Lionel von Rothschild,

der unermüdlichen Förderin geistigen Strebens,

der hochherzigen Retterin der Bedrängten,

in Verehrung und Erkenntlichkeit

gewidmet.

Vorwort.

Dichterische Erzeugnisse müssen ihre Rechtfertigung in sich selber tragen; sie erfüllen ihren Beruf in demselben Maaße als sie eine freie und schöne Stimmung hervorrufen; doch die hier gebotene Sammlung kennzeichnet sich durch einige eigenthümliche Züge, die einer kurzen Erläuterung zu bedürfen scheinen.

Die Gedichte des ersten Abschnittes „Erinnerung" waren ursprünglich einzelnen lieben und befreundeten Personen gewidmet und für bestimmte Veranlassungen geschrieben; sie sind also eigentlich Gelegenheits=Gedichte; aber der Verfasser hätte sein Ziel verfehlt, wenn sie nichts weiter wären; ja ihre Ver= öffentlichung wäre unberechtigt, wenn er nicht versucht hätte, ihnen eine so allgemeine Form und Haltung zu geben, daß der Leser, selbst ohne die Personen und die Veranlassungen zu kennen (die hier billig verschwiegen sind), ein klares Bild und einen entschieden ausgeprägten Eindruck empfängt. Der reali= stische Grund, auf dem diese dichterischen Versuche sich erheben, müßte ihnen vielmehr den besonderen Vorzug scharfer und faßlicher Umgränzung sichern: ist doch die strenge aber freie Individualisirung eine der hauptsächlichen Forderungen jeder Kunstschöpfung. Wenn es dem Verfasser gelungen wäre, die Wirklichkeit in das Reich idealer Gemeingültigkeit zu erheben, so hätte er die Befriedigung, zur Ehrenrettung einer Dichtungsart beigetragen zu haben, der oft nicht mit Unrecht Mangel an Maaß und Würde vorgeworfen wird.

In den ersten Strophen der zweiten Abtheilung „Allgemeines" wollte der Verfasser den Standpunkt bezeichnen, der es ihm gestattet, seine strenge Berufsbeschäftigung, die biblische und orientalische Wissenschaft, gelegentlich mit poetischen Arbeiten zu vertauschen:

> „Wem nicht die Wissenschaft sich kann zur Kunst verklären,
> Dem werden beide nicht ihr reichstes Gut gewähren";

und er möchte die Hoffnung aussprechen, daß die kleine hier veröffentlichte Auswahl den Ernst der Wissenschaft nicht verleugnet, ohne doch des gefälligen Spiels, des Lebenselementes der Kunst, zu entbehren — daß Minerva nicht zürnt, wenn die Musen heiter nahen.

Bei den Uebertragungen aus dem Alten Testament muß der Uebersetzer es versuchen, bei seinen modernen Lesern eine ähnliche Wirkung hervorzurufen, wie sie muthmaßlich der Urtext zur Zeit seiner Abfassung auf die alten Israeliten ausübte. Die hebräische Dichtung aber ergoß sich in der frischen, sprudelnden Sprache des Volkes; sie war dem Leben entsprossen und wollte auf dasselbe zurückwirken; die Gegenwart und die Zukunft war ihr Ziel. Der Verfasser meinte deshalb, auch in den Uebersetzungen nicht in die Redeweise der Vergangenheit zurückgreifen zu dürfen, und nicht etwa, wie es wohl geschieht, ein alterthümliches Colorit anzustreben, das, künstlich und fremdartig, einen lebendigen, unmittelbaren Genuß unmöglich macht. Dagegen war er gewissenhaft bemüht, keine eigenthümliche Anschauung, die uns den Geist der Vorzeit klarer vorführt, zu opfern oder zu schwächen; und deshalb bestrebte er sich auch, durch zweckmäßige Wahl des Versmaaßes wie durch angemessene Abwechselung im Rhythmus den Charakter der einzelnen Dichtungen und den entschiedenen Eindruck des hebräischen „Parallelismus der Glieder" wiederzugeben.

Dem vierten Abschnitt sind einige Proben einer Gattung von Gedichten einverleibt, der vielleicht eine größere Beach=tung gezollt werden wird, je mehr man die biblischen Ur=kunden mit geschichtlichem und philosophischem Blicke betrachten lernt. Stoffe aus der Schrift sind häufig poetisch behandelt worden; aber man begnügte sich, den Text zu versificiren, zu erweitern und gelegentlich durch Zusätze späterer Tradition zu bereichern. Dadurch scheint aber selten ein wesentlicher Vortheil erzielt worden zu sein; die ursprüngliche Einfach=heit ward meistens eingebüßt, ohne daß dieser Verlust einen entsprechenden Ersatz von einer anderen Seite gefunden hätte. Die hier gelieferten Proben, wie z. B. „Abraham in Chaldäa" und „Moses in der Wüste", versuchen es bei einigen für die Geschichte der Menschheit epochemachenden Momenten, das Rahmenwerk der biblischen Ueberlieferung zwar beizubehalten, aber diesen Rahmen mit einem neuen Bilde zu füllen, der Art, daß der im Stoffe liegende Ideen-Gehalt, wie er sich der geschichtlichen und speculativen Forschung erschließt, an's Licht gefördert und zur Anschauung gebracht wird: die Wunder übernatürlichen Eingreifens werden in Wunderthaten des Geistes, der Glaube wird in Ueberzeugung, die Erzählung in Selbsterfahrung oder allgemeine Wahrheit, mithin die äußerliche Mittheilung in eine innerliche Schöpfung umgewandelt. Der geheime psychologische Vorgang, aus welchem große Unternehmungen sich erzeugen, müßte abgelauscht und dargestellt werden. Statt die bloße That zu sehen, sollten wir auch ihr Werden begreifen; die That könnte willkürlich sein, durch das Werden ist sie nothwendig und ewig. Mit einem Worte, da die „Offenbarung" nur eine eigenthümliche Darstellungsform des menschlichen Wissens und Erkennens ist, von dem sie sich dem Inhalte nach nicht unterscheidet, so muß rückwärts auf seine Quelle hin der Gedankengang verfolgt werden, dem nach vernünftiger Auffassung die „Offenbarungssätze" der positiven Religionen ihren Ursprung verdanken.

Die letzte Abtheilung „der Parnaß" unternimmt es, eine Art allgemeiner Literatur-Geschichte in leichter poetischer Zeichnung der vornehmlichsten Dichter aller Zeiten und der meisten europäischen Völker vom alten Homer an bis auf unsere Romantiker zu liefern. Die Anordnung ist ethnographisch, und doch ist sie dadurch zugleich fast so genau chronologisch, daß man an einem deutlichen Beispiele auch bei der Geschichte der Kunst das bewahrheitet findet, was Göthe von der Geschichte der Wissenschaften aussagt: sie sei „eine große Fuge, in der die Stimmen der Völker nach und nach zum Vorschein kommen". Ob in der Auswahl der Dichter zu viel oder zu wenig geschehen, und ob überhaupt in allen Fällen der richtige Vertreter der Gattung getroffen sei, wagt der Verfasser nicht zu entscheiden; doch darf er vielleicht auf Nachsicht bei einem Versuche hoffen, dessen Schwierigkeiten zu Tage liegen, und der selbst bei unvollkommener Lösung nicht ganz ohne Interesse sein möchte.

Schließlich ist es dem Verfasser eine Genugthuung, daß es ihm vergönnt ist, nach mehr als achtzehnjährigem Aufenthalt im Auslande auch eine Arbeit in seinem „geliebten Deutsch" zu veröffentlichen, das ihm als der würdige Ausdruck deutschen Denkens nahe und theuer geblieben ist, und das an Reichthum und Biegsamkeit alle neueren Sprachen übertrifft, an Schönheit und Wohlklang nur wenigen derselben nachsteht. Möchte es ihm gelungen sein, in dieses herrliche Gewand hier und da einen fruchtbaren Gedanken oder ein gefälliges Bild zu kleiden! Und so sei dieses anspruchslose Bändchen den Freunden deutscher Dichtung als bescheidene Gabe dargebracht!

London, im Oktober 1867.

M. M. Kalisch.

Inhalt.

III. Alttestamentliche u. andere hebräische Uebersetzungen.

IV. Biblische Dichtungen.

V. Der Parnaß.

I.

Erinnerung.

———

Der Kranz.

„Laß seh'n, wie sich's am schönsten füget,
„Wie Blume sich an Blume reiht,
„Wie Blättchen sich an Blättchen schmieget,
„Daß mir der holde Kranz gedeiht.

„Denn in dem Zauberflug des Schönen
„Schwingt sich der Geist zum Licht empor,
„Und ahnt in Farben und in Tönen
„Das Paradies, das er verlor.

„Und alle niedren Wesen brüten
„In dürftiger Nothwendigkeit,
„Der Mensch nur pflückt der Schönheit Blüthen —
„Und wird vom trägen Staub befreit.

„Schon rundet sich der Blüthenbogen
„Voll duft'gem Reiz in meiner Hand,
„Und wonn'ge Bilder fühl' ich wogen
„Im Herzen mir und im Verstand.

„Wie lächelt Ihr auf mich hernieder,
„Ihr Sprößlinge der Frühlings-Au!
„Ein Kind fühl' ich mich selber wieder,
„Und mich umweht es lind und lau.

„Euch hat der Sonne Glanz geheget,
„Des Mondes Strahl hat Euch geherzt,
„Des Himmels Thau hat Euch gepfleget,
„Der Zephyr hat mit Euch gescherzt.

„So seid Ihr liebend aufgezogen
„Von allen Stoffen der Natur,
„Nur was Ihr aus der Erd' entsogen,
„Nur davon find' ich keine Spur.

„Und Ihr sollt still den Menschen lehren,
„Gleich Euch dem Aether sich zu weihn,
„Sich wohl vom Erden-Mark zu nähren,
„Und doch vom Stoff sich zu befrein.“

So sprach die liebliche Lucinde,
Und freundlich spielt der Augen Glanz;
Doch sieh! der Blumen Prachtgewinde
War nun gefügt zum schönsten Kranz. —

Von allen seelenvollen Frauen,
Die Wonne streun in Sinn und Brust,
War keine holder anzuschauen
Als s i e , der Augen Reiz und Lust.

Aus jedem Theil und Stoff des Schönen
Hat sie des Schöpfers Gunst gewebt;
Und weises Maaß, den Sieg zu krönen,
Hat alle Theile zart belebt.

Des Geistes lebensvolle Strahlen
Erglühn aus ihrem reichen Blick,
Und doch, wie herrlich sie sich malen,
Sie spiegeln nur das Herz zurück.

Der Hoheit Würde sieht man thronen
Im Antlitz und in der Gestalt;
Doch jeder Anmuth Zauber wohnen
In ihres Wortes Allgewalt.

In immer neuem, reichem Leben
Spielt wechselvoll der Wangen Gluth,
Doch Maaß und sinn'ger Ernst umschweben
Die Thatkraft, daß sie edel ruht.

Nie hat der Zorn in ihr gewüthet
Und nie der Leidenschaften Wahn;
Dem Tempel, den die Gottheit hütet,
Darf keine Furie sich nahn.

Und doch die duftenreichste Blüthe,
Die ihres Wesens Fülle schmückt,
Ist des Gemüthes sanfte Güte,
Durch die sie bindet und beglückt.

Mit milden Thaten, lieben Worten,
Ist sie zu trösten stets bereit,
Und helfend schwebt sie aller Orten,
Und Balsam streuend jeder Zeit.

Geräuschlos wirket sie, im Stillen,
In holder, süßer Weiblichkeit;
Mit Lust folgt sie dem reinsten Willen,
Nur sinnend, wie die Saat gedeiht.

Und liebend rettet sie den Armen,
Und bietet Zuflucht jeder Noth,
Und streut im Winter mit Erbarmen
Den Vögelein ihr täglich Brodt.

Sie stand jetzt in den schönen Jahren,
Da schon die Frau in Reife glänzt,
Und doch der Anmuth Jugendschaaren
Mit mädchengleichem Reiz sie kränzt.

So dringt im Süd an reichen Bäumen
Schon manche zarte Frucht hervor,
Und noch erglänzt in duft'gen Keimen
Der Blüthen tausendfält'ger Flor.

Schon hatte sie dem Ehgemahle
Zwei holde Töchterchen geschenkt:
Sie prangten, wie im Morgenstrahle
Der Thau, der an der Lilie hängt.

Sie schwelgt in seligem Entzücken,
Wenn sie der trauten Kinder denkt;
Nicht Schätze und nicht Ruhm beglücken
Wie Pfänder, die die Liebe schenkt.

Noch blickt sie hin mit süßer Freude
Auf ihren frischgewund'nen Kranz,
Da hüpfen die Geschwister beide
Herein in jugendmunterm Tanz.

Da war ein Kosen und ein Scherzen,
Wie wenn der West mit Rosen spielt;
Da schlugen frisch die reinen Herzen,
Wie wenn der West den Sommer kühlt.

Und Chloris sieht des Kranzes Prangen —
Denn forschend schweift ihr Blick umher —
Und röther glühen ihre Wangen,
Sie fesselt ihre Lust nicht mehr:

„Wer konnte solche Formen bilden,"
Ruft sie entzückt und feurig aus;
„Auf welchen glücklichen Gefilden
„Blüht Blumenpracht für solchen Strauß!

„Von jedem schönsten Zonenstriche
„Hat Ceres, traun! sie selbst gepflückt,
„Und nichts, das ihrem Liebreiz gliche,
„Fänd' ich, so weit die Flur sich schmückt.

„Wohl möcht' ich ihn mein eigen nennen,
„Ich schau' ihn an und steh' entzückt;
„Doch mag ich's willig anerkennen,
„Daß er die Schwester würd'ger schmückt.“

Lucinde hört mit zarter Freude
Der Kinder Wort und sinnet nach.;
Und wechselnd schweift ihr Blick auf Beide,
Bis sie mit mildem Ernste sprach:

„Ihr wißt, in alten, schön'ren Tagen,
„Bei Römerkampf und Griechenspiel,
„Galt um den Kranz das höchste Wagen,
„Er war des Lebens schönstes Ziel.

„Durch ihn ward hoch der Held erhoben,
„Er brachte ihn den Sternen nah,
„Und ewige Gesänge loben
„Den Sieger in Olympia.

„Er war der Preis für jede Tugend,
„Er war der Ehre höchster Zoll,
„Unsterblichkeit verlieh der Jugend
„Ein Eichenkranz im Kapitol.

„So schaut in Eure tiefste Seele,
„O Töchter, und bekennt es mir,
„Wie viel Euch noch zum Höchsten fehle,
„Und ob Euch ziemt des Kranzes Zier.

„Er krönet nur den muth'gen Sieger,
„Dem Streiter nur ist er gewährt,
„Er strahlt als Lohn dem Tugend=Krieger,
„Der ew'gen Haß der Sünde schwört.

„Noch wallet Ihr auf leichten Wegen
„In Kindes=Unbefangenheit,
„Noch trat Euch nicht der Feind entgegen,
„Noch ahnt Ihr nicht der Seele Streit.

„Wohl seid Ihr auf dem guten Pfade,
„Wo Euch die schönste Freude winkt,
„Und ich erfleh's als höchste Gnade,
„Daß Ihr zum großen Ziele bringt.

„Doch einem Schlachtfeld gleicht das Leben,
„Stets müssen wir gerüstet sein;
„Weil tausend Feinde sich erheben,
„Die unserm innern Frieden dräun.

„Nur wer im Kampf mit Sünden=Tücken
„Als Sieger aus dem Schlachtfeld zieht,
„Nur er darf mit dem Kranz sich schmücken,
„Nur er ist's, dem er ewig blüht."

Da sie das Wort gesprochen hatte,
Das in das Herz der Kinder rauscht,
Da stand vor ihr der edle Gatte,
Der unbemerkt dem Streit gelauscht.

Er nahm aus ihren zarten Händen
Den Kranz mit Rosenschmuck umlaubt,
Und, ihr der Liebe Zoll zu spenden,
Drückt er ihn auf ihr schönes Haupt.

„Nur ihr“, sprach er, „gebührt die Krone,
„Ihr, die den schwersten Sieg errang,
„Sie ziemet ihr zum Ehrenlohne,
„Die jede Leidenschaft bezwang.

„Nach Lorbeer= und nach Eichenkränzen
„Mag Grieche und mag Römer glühn;
„Im Blumenschmuck muß sie erglänzen,
„In deren Sinn die Grazien blühn.

„Wie hier in dieser Blüthenfülle
„Harmonisch sich das Schönste paart,
„So eint ihr weiblich fester Wille
„Ein jedes Gute streng und zart.

„Ihr, meine Töchter, meine Wonne,
„Ihr, meiner Hoffnung schönstes Licht!
„Sei sie Euch Vorbild stets und Sonne
„Für jede edle, hohe Pflicht.

„Und mögt Ihr sie nur einst erreichen —
„Mag doch die Kraft vergönnt Euch sein —
„Ja mögt Ihr ihrem Adel gleichen,
„So seelenvoll, so herzensrein.“

Mit zärtlichem Erröthen wehrte
Lucinde solches Lob sich ab;
Doch die Bescheidenheit vermehrte
Den Reiz, der blühend sie umgab.

Die Rettung.

Von Armuth und von Schmerzenspein geplaget,
Doch stille Duldung auf dem Angesicht,
Von Elend und von Krankheit angenaget,
Doch Hoffnung noch im matten Augenlicht,
So lag, von Kindern und Gemahl umgeben,
Clarissa, ringend mit dem süßen Leben.

Und wie sie auf des Gatten Trauer blicket,
Und ihrer Kinder Trübsalszüge schaut,
Fühlt sie die Brust von Angst und Gram ersticket,
Das sanfte Aug' im Thränenquell bethaut;
Und sie erfaßt ein namenloses Zagen,
Und wehmuthsvoll begann sie, so zu klagen:

„Ich will nicht rechten mit der Allmacht Güte,
„Denn ihrer Lieb' und Weisheit ist kein Ziel;
„Doch treibt sie mit des Lebens kurzer Blüthe
„Von Myriaden nicht ein grausam Spiel?
„Da Engelchöre jauchzend um sie singen,
„Muß hier der Mensch mit Qual und Jammer ringen?

„So weit der Schöpfung Wunderwerke glänzen,
„Spielt Freud' und Lust beglückend durch die Welt;
„Wie in der Wonne ew'gen Jubeltänzen
„Lacht selig Sonn' und Stern und Wald und Feld;
„Und muß der Mensch, der Meister aller Sphären,
„Muß er allein im Elend sich verzehren?"

Mit Sorge halb und halb mit stiller Wehmuth
Hört dieses Wort der treffliche Gemahl;
Sein Herz war schön erwärmt von frommer Demuth,
Sein reicher Geist glänzt' in der Weisheit Strahl;
In heil'gen Büchern war er tief erfahren,
Die nicht sein Trost nur, die sein Führer waren.

„Nur Gutes", sprach er milde, „kommt von Oben,
„Wenn auch des Schicksals Ziel sich uns verhüllt;
„Durch zartes Band ist Glück und Noth verwoben
„Von Ihm, deß Weisheit alle Welten füllt.
„Den Schmerz — singt Jesse's Sohn — ich trag' ihn gerne,
„Weil ich durch ihn des Herren Wege lerne.

„Denn wohl, wenn freundlich das Geschick Dir lächelt,
„Doch mehr in Noth erkennst Du Seine Macht;
„Wohl wirkt sie, wenn der Zephyr lieblich fächelt,
„Doch mächt'ger, wenn im Sturm der Donner kracht:
„Wenn Sorgen jeder Hoffnung Schein uns rauben,
„Schickt Er uns Boten, daß wir an Ihn glauben.

„Zwar hab' ich fruchtlos lang mich abgemühet
„Um Menschen-Beistand, und ich bin verzagt;
„Und angstvoll seh' ich, wie die Kraft Dir fliehet,
„An der das Elend und der Mangel nagt.
„Doch nur wenn alle Erdenpfade enden,
„Pflegt Er vom Himmel Seine Engel senden."

Er sprach's; und männlich strebt er's zu verhehlen,
Wie Schmerz und Noth verzweifelnd in ihm ringt,
Er sucht durch Trost der Gattin Herz zu stählen,
Wenn laut der Kinder Jammer zu ihr dringt:
Es war ein Bild der Trübsal und der Klagen,
Wohl mochten starke Herzen selbst verzagen.

Und plötzlich öffnet sich die niedre Pforte,
Und eine hoheitstrahlende Gestalt
Tritt leise ein; mit ihrem Zauberworte
Zähmt sie des Leidens bitterste Gewalt:
So sagt man, pflegten sonst sich Götterschaaren
Durch Glanz in niedern Hütten offenbaren.

Und liebevoll forscht sie durch manche Fragen
Nach ihrem Unglück und dem Quell der Noth;
Sie drängt sie tröstend, ohne Hehl zu sagen,
Was sie erlitten und was sie bedroht.
Und neuer Hoffnungsmuth durchglüht die Armen,
Und selbst die Mutter fühlt ihr Herz erwarmen.

So lockt nach langem Frost in Feld und Garten
Die Frühlingssonne reichen Schmuck hervor;
Die Auen, die in grauem Eise starrten,
Sie schimmern neu in prächt'gem Blumenflor;
Ihr Lebensstrahl ruft aus den dunklen Tiefen
Die tausend Keime, die verborgen schliefen.

Und als sie Alles ihr getreu entdecket,
Von ihrem Gram und wie die Noth sie drängt,
Wie jeder neue Morgen neu sie schrecket,
Und ihnen Rast nicht und nicht Hoffnung schenkt:
Da bat der hohe Gast, im Aug' die Zähre,
Sie um Geduld, nur bis sie wiederkehre.

Wie wenn der Iris farbenreicher Bogen
Mit schnellem Reiz der Wolken Grau umspannt,
Und dann, wenn neue Regenschauer wogen,
Ihr Flug erblasset an des Himmels Rand:
So schien die Fremde ihnen zu entschwinden,
Bevor des Dankes Wort sie konnten finden.

Und staunend folgt ihr Blick dem hohen Wesen,
Das traumgleich war erschienen und entschwebt;
Entzücken ist in jedem Aug' zu lesen,
In dem der Rührung heil'ge Thräne bebt:
Des Unmuths schwarze Wolke war zerstoben,
Zu neuer Hoffnung war der Sinn erhoben.

Und wie von Jünglingsfeuer schön belebet,
Beginnt der weise Gatte tief bewegt:
„O, daß der Zunge mächt'ge Gluth mir fehlet,
„Zu malen, was im Busen sich mir regt:
„Ach, nimmer wird's dem Menschenwort gelingen,
„Das Göttliche mit schwachem Laut zu singen.

„Denn Majestät und jede Größe glänzen
„In der Gestalt, die hehre Würde ziert;
„Gleich wie der Eiche Stamm in ew'gen Lenzen,
„Der in des Himmels Bläue sich verliert:
„Doch schöner sah man nie der Anmuth Schaaren
„Sich mit der Hoheit, Ehrfurcht fordernd, paaren.

„Denn in des tiefen Auges klarem Spiegel
„Malt sich der Seele liebevolle Gluth,
„Daß um der Würde hehres, ernstes Siegel
„Der Schein der Gnade sanft und lieblich ruht:
„So muß der Geist in Staunen sie verehren,
„Doch glüht das Herz, sich traulich ihr zu näh'ren.

„Und nie fand ich in allen meinen Tagen
„Ein Antlitz von so reichem Geist bewegt,
„Wo Lust und Leid und Hoffen und Verzagen,
„Und was im Menschenbusen nur sich regt,
„Wo alle Geistesbilder und Gefühle
„So glänzen in der Züge regem Spiele.

2

„Wie der Opal im Sonnenglanze strahlet,
„Und sich in tausend Farben prächtig bricht,
„Wie er in jedem Punkt sich wechselnd malet,
„Und unerschöpflich spielt im mag'schen Licht:
„So scheint sich endlos mit den Augenblicken
„Ihr Angesicht mit neuem Reiz zu schmücken."

Clarissa hört mit stillem Wohlgefallen
Des Gatten Lob, das er der Fremden schenkt;
Von gleichem Preis fühlt sie den Busen wallen,
Und tief hat sich ihr Bild in's Herz gesenkt:
Wer konnte je ihr hohes Antlitz schauen,
Der sie vergaß, die Zierde aller Frauen!

„Du siehst im Geiste sinnend mich verloren",
Begann Clarissa seelenvoll und mild,
„Welch glücklich Land die Holde hat geboren,
„In welchem Erdstrich solche Fülle quillt:
„Doch mag ich sinnen und mich tief bemühen —
„Wo ist das Land, wo solche Formen blühen?

„Du kannst Italiens Gluthen in ihr fühlen,
„Doch schön gemäßigt durch Germaniens Geist,
„Du siehst der Brittin Ruhe sie umspielen,
„In der des Orient's feurig Leben kreist:
„So haben alle Zonen sich verbunden,
„Und sie zum reichsten Geistesstrauß gewunden.

„Und Alles ist mit Ebenmaaß verwebet
„In ein vollkommen, anmuthreiches Bild;
„Und darin strahlt, was nur den Sinn erhebet,
„Und was das Herz mit süßem Thau erfüllt:
„Wohl möcht' ich gern die herrlich Hohe kennen,
„Für die der Ehrfurcht Flammen in mir brennen."

Da sprach ihr junges Töchterchen bescheiden —
Wohl malt sich auf dem Antlitz herbe Noth,
Doch trotz der frühen Spuren trüber Leiden
Umzieht die Wange jetzt ein lieblich Roth —
„Sie ist's", rief sie, „so laßt uns stille dulden,
„Amanda ist's, der wir so viel schon schulden."

„Ihr wißt, ich hab' Euch oft mit Lust erzählet,
„Wie in der Schule häufig sie erscheint,
„Gleich einer Mutter forscht, was Allen fehlet,
„Die Thränen trocknet, die die Noth dort weint;
„Uns schlägt das Herz in freudigem Entzücken,
„Wenn wir die hohe, liebe Frau erblicken." —

„So ist's denn wahr, und gern will ich es glauben",
Nahm hier begeistert der Gemahl das Wort,
„Ja, nichts soll mir die süße Labung rauben,
„Daß sie ich sah, der Armen Fels und Hort:
„Wohl hat der Ruf mir viel von ihr verkündet,
„Doch wer hat je ein schönes Herz ergründet!

„Wohin mein staunend Aug' auch immer blicket,
„Glänzt ihres reichen Schaffens Segensspur;
„O, wie sie sich mit edlen Werken schmücket! —
„So schimmert tausendfach die Frühlingsflur:
„Ja, unversieglich rastlos scheint ihr Walten,
„Es schafft und wirkt in endlosen Gestalten.

„Sie ist die Retterin verwaister Armen,
„Und jedes Elend drängt zu ihr sich hin,
„Und nimmer, nimmer zögert ihr Erbarmen,
„Und nie ermüdet ihr erhab'ner Sinn:
„Sie pflegt, wenn schon der Muth gebricht zu bitten,
„Noch Liebesgaben reichlich auszuschütten.

„Und wie die Nachtigall am stillen Morgen
„Allein ihr Lied von allen Vögeln singt,
„Bis alle dann von ihrem Feuer borgen,
„Und schön im Chor ihr Wettgesang erklingt:
„So weckt ihr Vorbild viele wack're Seelen,
„Gleich ihr des rüst'gen Wirkens Pfad zu wählen.

„Und auf des Geistes räthselvollen Schwingen
„Entschwebt sie zu des Wissens reinen Höhn,
„Wo keine Nebel mehr den Blick umringen,
„Wo klar das Auge schaut, was gut und schön:
„Der ew'ge Born des Rechten und des Wahren
„Muß sich dem ernsten Forschen offenbaren.

„Und liebend pflegt sie jedes thät'ge Wollen,
„Sei das Verdienst bescheiden auch und klein,
„Ihr ist's Genuß, ermunternd Lob zu zollen,
„Und Muth in den verzagten Geist zu streun:
„Es ahnt ihr großer Sinn, daß jedes Wesen
„Zu höh'rem Zweck und Ziel ist auserlesen. —

„Und sie, auch sie, die jede Größe zieret,
„Auch sie traf bitter des Geschickes Pfeil?
„Sie, die den Reigen jeder Tugend führet,
„Hat am gemeinen Leidensloos ihr Theil?
„Mußt' auch ihr großes Herz in Kummer schlagen,
„In Pein und Wehmuth um Geliebte klagen?

„Doch pflegt der Herr den frommen Sinn zu prüfen;
„Heil dem, der in dem Kampf wie sie bestand!
„So wühlt der Sturm das Meer auf in den Tiefen,
„Und neuen Perlenschatz wirft er an's Land:
„Nun hat der Himmel seinen Schluß vollführt,
„Es folgt der Lohn, der ewig ihr gebührt. —

„Wenn Schnee und Frost die Felder ringsher binden,
„Und rauhe Stürme durch die Wälder ziehn,
„Da scheint aus der Natur des Schaffens Lust zu schwinden,
„Und schüchtern scheint des Lebens Hauch zu fliehn:
„Doch unten wirkt der Saaten Trieb im Stillen,
‚Der Lenz erwacht, und tausend Keime schwillen.

„So pflegt, wenn Schmerz den Guten hat betroffen,
„Der Muth zu wanken und des Wirkens Kraft;
„Doch bald strömt neu das Wollen und das Hoffen,
„Das unversieglich im Gemüthe schafft:
„Und lenzgleich sprießt's aus tausend duft'gen Saaten,
„Es strebt und wirkt in tausend edlen Thaten."

Noch viel will er zu ihrem Preis erwähnen,
Da tritt sie ein, und theilt mit weiser Wahl
Die reichsten Gaben aus; des Dankes Thränen
Sie fließen sanft — erlöst ist Noth und Qual;
Denn was das Herz nur sehnend kann begehren,
Weiß sie geübt und sinnig zu gewähren.

Als sie mit manchem Liebeswort entschwunden,
Begann Clarissa leis und reuevoll:
„Du siehst, mein Gatte, mich von Schaam gebunden,
„O sprich, wie meine Schuld ich büßen soll:
„Denn meine Zunge hat den Herrn geschmäht,
„Sie hat in Trotz und Thorheit sich gebläht." —

„Mit Güte und Erbarmen wird Er richten",
Sprach tröstend, doch voll Eifer, der Gemahl,
„Er führt den Sünder auf den Pfad der Pflichten,
„Denn wie das Licht ist Seiner Gnade Strahl:
„Doch ahnst Du nun, daß auch in Gram und Sorgen
„Sein weiser Geist still wirkend war verborgen?

„Wie auf den sturmgepeitschten Meeresfluthen
„Der Rettungsstern erscheint in Nacht und Noth,
„So leuchtet hoffnungsreich die That des Guten,
„Wenn schon Verderben rings umher uns droht;
„Der Edlen Werke sollen ernst uns mahnen:
„Nur Lieb' erhält die Welt in ihren Bahnen.“

Der Segen.

Scene: Eine reizende Berglandschaft in Arkadien, in der üppigsten Fülle des Pflanzenwuchses prangend. Hirsche und Gazellen hüpfen über die Scene: einige derselben lagern sich an einer vorüberrieselnden Quelle. Der Ton des Hifthorns schreckt sie auf, und es erscheint

Diana,

umgeben von einer Schaar blühender Nymphen. Die Göttin ist im Anzuge der Jägerin gekleidet; ihre schlanke Gestalt ist in den Ueberwurf gehüllt; ihr Haar, hinten aufgeschürzt, fällt in einzelnen Locken auf die Schulter, und läßt die würdestrahlende Stirne frei; sie ist mit Bogen, Pfeil und Köcher gerüstet, und eine Dienerin trägt ihr den Speer nach. Muntere Hunde umspielen sie. Aber der Glanz ihrer Augen ist zu einer ernsten Wehmuth gemäßigt; ein stiller Schmerz scheint sie zu erfüllen. Sie winkt ihren Nymphen, die schnell weiterstürmen wollen, anzuhalten und einen Kreis um sie zu bilden. Weit über Alle hervorragend, spricht sie:

Wohl entzückt mich Euer Leben
Und der jugendliche Sinn;
Wie die leichten Stunden weben,
Tanzt Ihr rosenfrisch dahin.

Und auf den bewegten Zügen
Flattern hüpfend Scherz und Spiel,
Und die Lust und das Vergnügen
Scheinen Eures Daseins Ziel.

Aber mich flieht ach! die Wonne,
Und mich quälen Gram und Pein; —
Wohl lacht hier die alte Sonne,
Wohl rankt hier der alte Wein;
Froh durchstreift der Hirsch die Auen,
Und von Blumen prangt die Flur —
Aber von der Menschen Gauen
Schwand der Freiheit Götterspur.

Und mich schmerzt es, hier zu weilen,
Und mich grämt's, die Schmach zu sehn;
Trüb' muß ich von dannen eilen,
Scheidend grüß' ich diese Höhn.
Und in einem bessern Lande,
Wo man Menschenwürde ehrt,
Knüpf' ich neue Heimathsbande,
Einer freien Göttin werth.

Nymphen (im Chor, mit Bewegung.)
Können wir, Hohe, den Triften entsagen,
Wo uns unendliche Freude geblüht?
Ewig wird trauernd der Busen uns klagen,
Suchend und haschend was ach! uns entflieht.

Reich ist die Welt wohl an duftigen Feldern,
Sprudelnd ergießen sich Quellen in's Thal —
Aber was gleichet Arkadiens Wäldern,
Gleichet Arkadiens sonnigem Strahl!

Diana

bedeutet mit Herrschergeberde den Mädchen, sich zu entfernen; sie
zertheilen sich nach verschiedenen Seiten, einen wehmüthigen Ab=
schiedsblick auf die reizende Gegend werfend.

Eine sanfte, elegische Musik wird gehört; sie schwillt immer
reicher an, bis sie zu einer vollen, obgleich weichen und leisen Sym=
phonie sich steigert. Währenddeß ändert sich die Scene. Nach Art
eines Panorama's ziehen die Landschaften vorüber; zuerst zeigen
sich die hauptsächlichsten Theile Griechenlands; dann entfaltet sich
das majestätische Meer, von Raub= und Kriegsschiffen wimmelnd, und
endlich schimmern die blühenden Fluren Campaniens. Hier erscheint,
in der Höhe schwebend, Diana in einem von Tigern gezogenen
Wagen, wie sie ihn als Mondgöttin zu besteigen pflegt; sie verweilt
eine kleine Zeit über der Landschaft, sie scheint zu sinnen und zu
zögern, lenkt aber dann seufzend das Gespann weiter nordwärts zu
Germaniens Triften, die das Panorama jetzt zeigt. Ein Strahl
der Freude zuckt beim Anblick der herrlichen Waldhöhen durch ihr
Auge; sie hemmt den Lauf des Wagens; spornt aber dann die Thiere
zu schnellerem Laufe an, und einen Blick der Liebe auf das Land
werfend und bedeutsam in die Zukunft weisend, entschwindet sie ost=
wärts in die gallischen Ebenen; sie durcheilt das Land nach allen
Seiten, und nirgends gefesselt wendet sie sich nordwärts. Wieder
zeigt das wandelnde Bild den Anblick des endlosen Meeres; dieses
ist von mächtigen Handelsflotten belebt, mit den Gütern aller Erd=
theile beladen; heitere Gesänge erschallen von den Schiffen, und ein
wetteiferndes Streben scheint Alle zu beseelen. Das Land wird sicht=
bar; in der Nähe der Hauptstadt, über einem Park, verweilt die
Göttin; ihr Antlitz belebt sich mit neuer, strahlender Freude; segnend

streckt sie ihre Hände aus; sie scheint entschlossen, hier ihren Wan-
derungen ein Ziel zu setzen; da blitzt ein Gedanke in ihr auf; sie
lenkt ihre Tiger nordwärts, und im Innern des Landes hält sie
über einem Schlosse an, das sie schon von fern sich über die Ebene
erheben sieht. Nachdem sie eine Zeitlang staunend über demselben
geschwebt, spricht sie:

Was ist's, das hier herrlich den Blicken erglänzt?
Ein Prachtbau, ragend von Thürmen umkränzt!
Wohl mag sich das Auge hier freuen und weiden,
Es sinnet und prüft, und es zögert, zu scheiden.
Wie Alles in edlem Gleichmaaß webt,
Und leicht in gefälliger Anmuth schwebt!
Und strebend hinauf in der Lüfte Thau,
Erhebt sich, der schlanke, der markige Bau.
Hat helfend der Götter unendliche Macht
Das Werk zu der Menschen Genuß vollbracht?
Ersann die gepries'ne Minerva den Plan,
Und formte die Pforten und Thore Vulkan?
Und sind durch gewalt'ge Cyclopen-Hände
Die Säulen gehäuft und die riesigen Wände?
Hat Cybele sinnig die Schlösser gefüget,
Daß Riegel an Riegel sich freundlich schmieget?
Und floß durch Apollo's Melodie
Das Maaß in die Stein' und die Harmonie?
Und öffnete Pluto sein ewiges Thor,
Und wälzte des Grundsteins Schwere hervor?
Hat Jupiter selber gewacht und geschirmt,
Die Arbeit gekrönt und die Massen gethürmt?
Einst glänzte mir auch in der Epheser Land
Ein Tempel, errichtet von frommer Hand;

Weit ragt' er über die Wogen dahin —
Er erfreute die Brust, er entzückte den Sinn —
Da schleudert' ein Thor mit verruchter Hand
In den herrlichen Bau den verzehrenden Brand;
Drob klagt mir, gedenk' ich's, noch heute das Herz,
Nicht mindert der Zeiten Dauer den Schmerz.
Doch hier auf diesen bezaubernden Höhn,
Hier scheint mir ein Ephesus neu zu erstehn.

Diana läßt ihren Wagen, nachdem sie die Gegend von allen Seiten betrachtet hat, nieder; sie betritt den Boden; der Wagen entschwindet durch die Lüfte in die empyrische Region. Die Göttin macht mit ihrem Speer eine Bewegung über ihr Haupt, da erscheinen von allen Seiten ihre Nymphen und Dienerinnen. Diese blicken erstaunt erst die Göttin, dann das Schloß an, und brechen endlich gleichzeitig und fast unwillkürlich in den folgenden Chorgesang aus:

Betrügt uns die gaukelnde Phantasie?
Und ein Traumbild will uns bethören?
Was ist's mit dem Bau? Wir schauten ihn nie,
So woll' uns, o Göttin, belehren!
Wir eilten, gehorsam dem Wink, durch die Luft,
Wie's Nymphen geziemt, wenn die Herrin ruft.

Diana.

Seitdem das Schicksal streng gerichtet
Der Griechen Zwist und Uebermuth,
Hat sich verzagt von dort geflüchtet
Der reinen Freiheit Himmelsgut.

Und mit der Liebe Späherblicken
Verfolgt' ich ihre heil'ge Spur,
Und sah sie endlich mit Entzücken
Sich senken hier auf Albion's Flur.

D'rum hab' ich mir dies Haus erkoren
Zu meiner Jagden Ruheschloß,
Ich finde hier, was ich verloren
Dort auf den Höhn des Mänalos.

Und Ihr, o Nymphen, meine Lieben,
Schaut nieder in das stille Thal;
Nehmt Euren heitren Wohnsitz drüben,
Auch dort erquickt des Frohsinns Strahl.

Und o! der Freundschaft holder Flügel
Umschwebe lieblich Berg und Grund —
Und fest wie diese ew'gen Hügel
Bewahre sich der schöne Bund.

Doch laßt uns, o Theure, das Inn're betrachten,
Wir haben die Hülle nur staunend beschaut;
Laßt sehn, ob die Grazie das Werk bewachte,
Ob schön sie geziert, was die Götter gebaut;
Denn nur was die Holden mit Zauber schmücken,
Erhebt und beseelt, und erfüllt mit Entzücken.

Die Götter und die Nymphen betreten das Schloß; ein Ruf der Bewunderung entfährt Allen gleichzeitig; sie betrachten die Einzel= werke mit steigendem Genuß; sie zeigen sich gegenseitig die Schön= heiten, und verweilen darauf mit begeistertem Lobe. Nachdem sie Alles gesehen und gepriesen, winkt ihnen die Göttin; sie versam= meln sich rings um eine alte stämmige Buche in der Nähe des Schlosses, und Diana spricht:

Als dem hohen Gott der Götter
Leto mich in Schmerz gebar,
Nannt' er Helfer mich und Retter,
Schirm und Stab in der Gefahr.

Und wenn ich die Saat beschütze,
Muß sie blühen und gedeihn,
Und wenn ich der Heerde nütze,
Muß sie reich und fruchtbar sein.

Weise gab er mir ein Zeichen,
Wie's der Artemis gebührt:
Menschen und Gewild entweichen,
Wenn mein Arm die Lanze rührt.

Kraft der Würde, die ich trage,
Segn' ich dieses hohe Schloß:
Jeder Sorge, jeder Plage
Wehrt mein göttliches Geschoß.

Denn ich schau' in diesen Hallen,
Was die Seele hoch erfreut,
Pallas Stadt, in Staub zerfallen,
Seh' ich glanzvoll hier erneut.

Und in diesen nord'schen Zonen
Grüßet mich des Südens Pracht;
Willig mag die Gottheit wohnen,
Wo die Schönheit blühend lacht.

Zwar reift nicht die dunkle Traube
Hier in diesem kältern Licht —
Doch der feur'gen Wuth zum Raube
Fällt das Recht nicht und die Pflicht.

Und statt Hekatomben glänzen
Hier die Tugend und Gebet,
Fern von wilden Bachustänzen
Läutert sich das Herz und fleht.

Reich streut Flora ihre Farben,
Pan durchstreift Gebüsch und Wald,
Ceres breitet ihre Garben,
Und der Lerche Lied erschallt;

Und es tönen Echo's Klänge,
Wenn die Oreade ruft,
Und der Schnitter Chorgesänge
Schallen jubelnd durch die Luft.

So sei jetzt mein Gruß und Segen
Diesem Hause dargebracht,
Nur von Freude soll sich's regen,
Stets vom Götterschutz bewacht.

Oft soll hier die Jagd ertönen
Lustig durch Gebirg und Thal,
Munter, wenn die Hörner dröhnen,
Folg' ich gern der Jäger Zahl.

Und den Bruder will ich bitten,
Ihn den Musenfürst Apoll,
Seine Lieder auszuschütten
Reichsten, klarsten Wohllauts voll.

Auch die Jugend zu bewachen,
Ward mir vom Geschick gewährt —
Mögen Kindlein unter Lachen
Schön erblühn, der Eltern werth!

Nymphen (mit Feuer und Begeisterung).

O mögen die Götter als gnädige Wächter
Sie freundlich beschützen durch lange Geschlechter!
Mag Segen beglückend die Hallen bewohnen,
Und Wonne beseelt in den Räumen thronen!

Eine Musik ertönt in vollen Klängen; die Göttin führt an der
Spitze ihrer Nymphen einen Chortanz auf; allmählig wird die Musik
weicher; sie geht in erhaben feierliche Harmonien über; das Gewölk

öffnet sich, und Jupiter erscheint auf hohem Wagen, umgeben von allen Göttern mit ihren verschiedenen Attributen. Sie blicken freudig auf das Gebäude hinab. Da nimmt die Musik den höchsten, heilig= sten Schwung; in ungemessener Höhe, unendlich über das Götter= gewühl erhaben, wird ein Lichtglanz von unnennbarer Schönheit sichtbar; rings um diese Strahlenfülle zeigen sich Myriaden von Engeln, die sich liebend auf das Schloß hinunterwiegen. Die Töne werden leiser und leiser, bis sie endlich verhallen. Unterdeß sind alle Erscheinungen entschwunden — aber das Haus steht verklärt in einem Theil des Glanzes, der von der Höhe herabgeströmt war.

Der Sieg.

———

„So flieh'n der Jugend heit're Tage
„In Schmerz und Krankheit mir dahin,
„Und bang in thränenvoller Klage
„Verzehr sich mein gequälter Sinn.

„O Gott, laß mich nicht ganz vergehen,
„O Herr, vergieb mir meine Schuld!
„Zu Dir laß mich mit Demuth flehen,
„O waffne, Gott, mich mit Geduld!

„Hast Du in Liebe mich geschaffen,
„Mit rege fühlendem Gemüth,
„Mich in der Kindheit fortzuraffen,
„Die ach! mir schattengleich entflieht?

„Doch mag Dein Wille, Herr, geschehen,
„Du lenkst mit Weisheit mein Geschick,
„Der Du aus ewig reinen Höhen
„Mich treu bewahrst mit Vaterblick.

„O Dich zu schaun im Himmelsglanze,
„Von Engelschaaren hoch umringt,
„Wo jubelnd in entzücktem Tanze
„Der Seraphschor Dir Lieder singt!

„Ich würde scheu mich zugesellen
„Der ewig heitern Himmelsschaar,
„Mein Auge würde froh erhellen,
„Das hier nur trüb' in Thränen war.

„Nein, nein! laß mich noch hier verweilen,
„Ist Deine Erde doch so schön!
„Ob auch die Tage flüchtig eilen,
„Und alle Blüthen schnell verwehn.

„Mich knüpft mit jedem heil'gen Triebe
„Der Mutter Herz an's irb'sche Land,
„Und ach! der holden Schwester Liebe
„Ist mir des Daseins süßes Pfand.

„Und oft fühl' ich ein tiefes Ahnen,
„Was Menschenkraft hier schaffen soll —
„Entreiß' mich nicht den Lebens-Bahnen,
„Bis ich geleistet meinen Zoll —

„Bis sich des Herzens blind Gewühle
„Zur Ruhe klar geläutert hat;
„Bis, was ich denke, was ich fühle,
„Ich ausgeprägt in Wort und That.

„Und gern will ich den Schmerz ertragen,
„Er kommt von Dir, mein Schutz, mein Licht,
„Und nimmer will ich muthlos klagen,
„Wenn auch in Pein die Kraft mir bricht.

„So schenke mir noch kurzes Leben,
„O raffe, Herr, mich noch nicht fort!
„Nur Dich zu ehren will ich streben;
„Erhöre mich, mein Fels, mein Hort!"

Der Herr hat in des Himmels Höhen
Des frommen Kindes Wunsch gehört,
Und ihres reinen Herzens Flehen
Hat Er ihr gnadenvoll gewährt.

Und zu des Wissens klarsten Quellen
Eilt sie mit rastlos freud'ger Gluth,
Und trinket tief aus ihren Wellen,
Und schlürft die klare Himmelsfluth.

Sie badet ganz in ihren Wogen,
Und spürt des Elementes Kraft;
Sie fühlt die Ahnung nicht betrogen,
Daß dort, nur dort das Leben schafft.

Da fällt vom Geist der ird'sche Schleier,
Vom Auge flieht der Nebelschein,
Und in des Urbilds ew'gem Feuer
Glänzt ihre Seele, hell und rein.

Und ihren Sinn umleuchtet Klarheit,
Es schweigt des Busens wilder Drang,
Und hold und sanft umrauscht sie Wahrheit,
Wie Engellied und Sphärensang.

Und ihres Dankes Jubel dringen
Aus ihrer tiefsten Brust hervor,
Und schweben auf der Seele Schwingen
Zum ew'gen Throne hell empor:

„Sei, Herr, für immerdar gepriesen,
„Der mir in Noth ein Retter war,
„Der Huld und Gnade mir erwiesen,
„In finstrer Nacht und in Gefahr.

„Du kennst mein Wollen und mein Sinnen,
„Du prüfst des Herzens innern Kern,
„Du weißt es, diese Thränen rinnen
„Nur Dir allein, dem Fels und Herrn.

„Und feierlich will ich's Dir schwören
„Bei Deines Namens heil'gem Licht,
„Und mögen Deine Himmel hören,
„Was Dir mein zitternd Herz verspricht:

„Weil Du mir gnädig hast gewähret
„Des Lebens läng'res Ziel und Maaß,
„Und weil Du liebend mich belehret,
„Bis ich von Trug und Schein genas,

„Soll fortan all mein Thun und Denken
„Nur Deinem Ruhm gewidmet sein;
„Und willst Du frohe Kraft mir schenken,
„So sei's für Dich, für Dich allein!

„Von allem Tand will ich mich scheiden,
„Der Menschensinn gefangen hält,
„Will allen nicht'gen Flitter meiden
„Der vielgeschäft'gen, eitlen Welt.

„Zu Dir allein will ich mich wenden
„Mit Herz und Sinn, Gemüth und Geist,
„In Deinem Licht mein Leben spenden,
„Das jede Wonne mir verheißt.

„Doch nicht ein leer und müßig Sinnen
„Ist guter Früchte schöne Saat,
„Wer Deine Huld sich will gewinnen,
„Muß kraftvoll wirken durch die That.

„So will ich denn das flücht'ge Leben
„Dem Glücke meiner Brüder weihn;
„Und laß mein Wollen und mein Streben
„Durch Deinen Segen, Herr, gedeihn!"

Und was sie heilig hat versprochen
Mit ernstem Sinn und reinem Eid,
Das hat sie wissend nicht gebrochen
In Freudenrausch und Schmerzensleid.

Denn in dem schwachen Leibe thronte
Ein Geist wie Felsen fest und stark,
Und in der zarten Lilie wohnte
Des stämm'gen Eichbaum's ew'ges Mark:

Sie strebt wie er mit mächt'gen Zweigen
Empor zur ätherblauen Luft;
Und haucht wie sie im Abendschweigen
Der reinen Blüthen süßen Duft.

Und herrlich schien sie zu vereinen
Des Weibes Reiz, des Mannes Kraft,
Sie konnte fühlen, konnte weinen,
Doch mit dem Ernst, der Thaten schafft.

Und Jahr' enteilen und verschwinden
Im Pfeilflug auf der Zeiten Bahn;
Wer kann der Zeiten Flügel binden! —
Zur Jungfrau reift das Kind heran.

Und Weib und Mutter, sorgsam milde,
Wird sie dem zärtlichen Gemahl —
Doch o, zu welchem Himmelsbilde
Malt sich in ihr der Liebe Strahl!

Denn Liebe war ihr tiefstes Walten,
Zur Liebe schuf sie die Natur,
In allen Formen und Gestalten
Enthüllte sich der Liebe Spur:

„Kann zagend noch das Herz verlangen,
„Wenn es an den Geliebten glaubt?
„Was soll ich zittern und was bangen,
„Wenn mir die Welt nur ihn nicht raubt!"

Doch ihre große, reiche Seele
Muß sich der ganzen Menschheit weihn,
Und wo sich Schmerz und Wehe quäle,
Will sie durch Liebeswerk erfreun.

Und die der Erde Lasten tragen,
Für sie entbrennt sie im Gemüth,
Für sie, die dulden und nicht klagen,
Für die kein Frühling lächelnd blüht;

Die unter Sorgen, unter Qualen
Des Lastthiers stumme Wege gehn,
Für die nicht Mond, nicht Sonne strahlen,
Für die nicht Zephyrlüfte wehn;

Für sie entbrennt sie im Gemüthe,
Es jammert sie ihr Leidensloos,
Und tief in ihrem Herzen glühte
Ein bittrer Unmuth schwer und groß:

„Hat nicht ein Vater uns erschaffen
„Als Pilger nur auf dieser Welt?
„Wird Er nicht Alle fort einst raffen,
„Wenn Seiner Weisheit es gefällt?

„Trägt nicht der Aermste meiner Brüder
„Ein Abbild, das der Herr ihm gab?
„Und seh'n wir uns nicht Alle wieder,
„Im ew'gen Licht, nach Tod und Grab?

„Und soll ich sie nicht treulich lieben?
„Fühl' ich des Mitleids Regung nicht?
„Nicht Mitleid — nein, das ist nicht lieben —
„Denn eine Schuld ist's, eine Pflicht.

„Doch ist's des Leibes Brod und Speise,
„Was Trost und Glück dem Menschen bringt?
„Das Herz nur ist es, rein und weise,
„Aus dem des Glückes Quelle dringt.

„D'rum will ich ihres Kummers Zähren
„Nach Kräften stillen durch die That,
„Doch mit dem Worte sie belehren —
„Und Gott bewache meine Saat!"

So lebt sie ihrem edlen Werke
Mit unermüdlich reger Lust,
Und wirkend wird sie ihrer Stärke
Und ihrer Gaben sich bewußt.

Sie hilft mit männlich weisem Sinne,
Mit Milde, die das Herz beglückt,
Doch hält's zum köstlichsten Gewinne
Wenn sie Gemüth und Geist erquickt;

Wenn sie vom niedern Erdenstaube
Die Seele hoffend aufwärts führt,
Wenn jeder göttlich hohe Glaube
Das kalt verlaß'ne Herz berührt.

Zu immer reinern Höhen dringen
Die Sinne muthig, unerschlafft;
Wohl lähmen nicht des Geistes Schwingen —
Doch ach! es sinkt des Leibes Kraft.

So lodert des Vulkanes Feuer,
In Bergesschluchten still genährt,
Bis dann die Flamme, ungeheuer,
Die Felsen krachend rings zerstört.

So ist's das Loos der feur'gen Seelen,
Gewebt von Aether's reinstem Licht,
Die mit dem Himmel sich vermählen: —
Doch diese Erde hält sie nicht.

Und sie beschleicht ein banges Ahnen,
Daß ihrer Tage Ziel sich näh'rt;
Und doch liebt sie des Lebens Bahnen,
Denn sie erkennt des Lebens Werth.

Und sie umwölken tiefe Schauer,
Sie ruft die Lieben um sich her,
Auf ihrem Antlitz bitt're Trauer,
Ihr Auge trüb und thränenschwer:

„So muß ich denn schon von Euch scheiden,
„Ach, ach! nicht fassen will's mein Geist,
„Ihr Quelle mir von allen Freuden,
„Die nun der grause Tod zerreißt."

Und lange weint sie heiße Zähren,
Verhüllt das bleiche Angesicht; —
Dann schien sie schön sich zu verklären,
Bis sie mit Hoheit also spricht:

„Der Erdenkampf ist überwunden,
„Geendet ist der wilde Krieg,
„Des Himmels Ruh' hab' ich gefunden
„Und Friede lächelt mir und S i e g.

„Mein Geist wird jauchzend aufwärts schweben
„Mit unaufhaltsam kühnem Flug,
„Wohin schon oft im niedern Leben
„Mich meiner Seele Fittig trug.

„Dort werd' ich auf Euch niederblicken,
„Mein Geist wird liebend bei Euch sein,
„Euch mit des Jenseits Thau erquicken
„Und Muth und Frieden Euch verleihn.

„Dort werd' ich auch den Vater grüßen,
„Den meiner Kindheit Traum nur kennt,
„Wo keine Sehnsuchtsthränen fließen,
„Wo in der Brust kein Kummer brennt.

„O traute Mutter, lebe heiter!
„Du, mein Gemahl, vergiß mein nicht!
„Sei unsrer Kindlein Schirm und Leiter!
„Uebt, Brüder, jede große Pflicht!

„Und Schwester, meines Herzens Wonne,
„O weine nicht, — mir ist so wohl;
„Schon grüßt mich eine schön're Sonne —
„Auf Wiedersehn! — Lebt wohl, lebt wohl!"

Mild spielt ein Lächeln um die Wangen,
Noch einmal ist der Blick belebt:
„Vollendet, was ich angefangen!" —
Sie spricht es, und ihr Geist entschwebt.

Das Bild.

O wie aus diesen wechselvollen Zügen
Beredt und sinnig ein Jahrhundert spricht!
Nicht schwankt der Geist, das Auge kann nicht trügen,
Denn offen ist die Schrift und klar und schlicht:
Sie trägt der Zeiten unverkennbar Siegel,
Sie ist des langen Lebens treuer Spiegel.

Leicht wirst Du hier des Kindes Spiel erkennen,
Doch von des Ernstes Fessel mild beschränkt;
Du magst es Frohsinn, muntre Laune nennen,
Du siehst das Denken, das die Laune lenkt:
Denn fließt der Quell der Jugend im Gemüthe,
Bleibt unverwelkt des Scherzes duft'ge Blüthe.

Siehst Du die Jungfrau nicht in Anmuth glänzen,
Vom frischen Leben hoffnungsvoll umstrahlt?
Wie sie die Zukunft schmückt mit tausend Kränzen,
Und sie im Schmelz der schönsten Farben malt?
Hier athmet tief der Liebe stille Gluth,
Entschlossen blitzt der Liebe Opfermuth.

Und wie die Gattin rüstig, unverdrossen,
Im Hause wirkt mit Lust und klugem Geist!
Es zeigt sich jede Tugend aufgeschlossen,
Die Eintracht, Segen, frohes Glück verheißt:
Doch täuscht der Blick? Dort lagert sich ein Schatten —
Denn ach! zu bald betrauert sie den Gatten.

Und nun zeigt sich der Mutter emsig Walten,
In dem des Vaters treue Obhut wohnt;
Es glätten sich des Grames dunkle Falten,
Denn ihre Sorge fühlt sie reich belohnt:
Sie sieht der Tugend Abbild in den Söhnen,
Die Töchter blühn, Urbilder alles Schönen.

Doch wie? Du bebst zurück? Dich faßt ein Zagen?
Mit Wehmuthsthränen ist Dein Blick genäßt?
Du hörst den Schmerz aus dieser Furche klagen,
Den ihr der Tochter frühes Grab erpreßt?
Nur dieser Schlag konnt' eine Heldin beugen,
Doch sollt' er laut von ihrer Liebe zeugen.

Und immer vorwärts, vorwärts schweift ihr Sinnen,
Denn an die theuren Enkel hängt ihr Herz;
Und wie die Monde, wie die Jahre rinnen,
Erwacht zum Muth sie wieder und zum Scherz:
Wohl weilt der Ernst im sinnenden Gesicht,
Und doch umspielt's der Jugend rosig Licht.

Ach! wie die edlen Züge sich verklären,
Sich selber gleich, und doch umstrahlt, verschönt:
Entschwebt ihr Geist zu jenen Himmels-Sphären,
Weil sie sich dort nach ihren Theuren sehnt?
Und doch schaut tröstend sie auf ihre Lieben,
Die trauernd, segnend hier zurückgeblieben.

Der Einzug.

Scene: In der Vorhalle eines neu umgebauten, prächtigen Hauses. Ringsum sind Sessel errichtet, mit Blumen und Immergrün geschmückt. Es erscheinen anmuthige, ätherische Gestalten, jede mit ihren Attributen versehen. Sie nehmen die Sessel im rechten Halbkreise ein, während die Throne auf der linken Seite leer bleiben. Nachdem sie sich bewundernd umgeschaut, bilden sie in der Mitte der Halle einen Kreis, und sprechen im Chor:

Chor der Schutzgeister des Hauses (Laren).

So haben wir des Hauses Stätte
Gar manches Jahr mit Fleiß bewacht,
Und durch der Monde lange Kette
An ihre Weihe nur gedacht:
Denn freudig ist die Pflicht der Laren,
Wenn sie der Edlen Wohnort wahren.

Wenn auch die alten Räume schwanden,
Und Stein nach Stein sich löste los,
Wir hielten fest mit treuen Banden
An dieses Bodens heil'gem Schooß:
Wie auch der Wechsel wogt und kreist,
Uns lenkt ein ew'ger, stät'ger Geist.

Und was der große Gott der Götter
Zu hüten uns hat anvertraut,
Das schützen wir als will'ge Retter,
Wenn auch kein sterblich Aug' uns schaut:
Genuß ist's uns, uns ist's Gewinn,
Zu lohnen reinen, frommen Sinn.

Aus dem Kreis der Laren tritt hervor:

Das Glück.

(Die Flügel und die Kugel ablegend.)

Man nennt mich treulos, unbeständig,
Man gleicht der Kugel mich, dem Rad;
Wohl bin ich schwankend, wetterwendig,
Wohl folgt der Umschwung meinem Pfad:
Doch fester als Granites-Säulen
Will ich bei diesem Hause weilen.

Der Ruhm.

(Mit einer Sternenkrone auf dem Haupte, und Tafel und Griffel
in der Hand.)

Daß seines Namens Glanz sich mehre,
Hab' ich zum Ziel mir streng gesetzt;
Und preisen soll man seine Ehre,
Wo Tugend man und Größe schätzt:
Denn meinen Tafeln übergeben,
Soll er im Mund der Nachwelt leben.

4

Die Freundschaft.

(In schneeweißem Gewande, mit einem Kranze von Granatblüthen auf dem Kopfe und mit einem Gürtel, der die Umschrift trägt: Sommer und Winter.)

Reich ist die Welt mit ihren Gaben,
Es freut der Glanz, des Ruhmes Preis;
Doch Liebe nur kann Herzen laben,
Drum wahrt' ich treu der Freunde Kreis:
Die einst sich hier vereint gefunden,
Sie bleiben fort und fort verbunden.

Und in der Freundschaft freies Wollen
Mischt wohl sich auch des Dankes Pflicht;
Mit Lust wird den Tribut er zollen,
Und fühlet seine Fessel nicht;
So wird die Pflicht die Liebe krönen,
Und Liebe wird die Pflicht versöhnen.

Es treten zwei Gestalten vor, Hand in Hand, und es spricht zunächst:

Die Gesundheit.

(Auf dem Haupte eine Kräuterkrone, und in der Hand eine Schaale, aus der eine Schlange trinkt.)

Doch nichtig sind die Erdengüter,
Ist meine Kraft nicht beigesellt;
D'rum ward als dieses Hauses Hüter
Mit strenger Weisung ich bestellt:
Wohl dürf' ich Prüfung auferlegen,
Doch fehle nie mein Hort und Segen.

Es fällt unmittelbar ein

Die Freude.

(Mit einem Olivenzweige in der einen und einem Anker in der
andern Hand.)

Und mit der Schwester eng verbunden,
Bleib' ich an ihre Bahn geknüpft;
Durch mich belebt, verwehn die Stunden,
Leicht wie im Laub der Vogel hüpft:
So soll in diesen schönen Hallen
Nur Lust und Jubelklang erschallen.

Die Laren bilden wieder einen Kreis und sie sprechen:

Chor der Laren.

So haben unsre schönsten Kräfte
Wir hier in Redlichkeit geübt,
Ein Jeglicher nach dem Geschäfte,
Das uns der Herrscher übergiebt.
Doch bei des Baues Lärm und Tönen
Ergriff uns oft ein banges Sehnen.

Von den Penaten losgerissen,
Ist unser Leben öder Schein;
Denn sie, die Neidenswerthen, müssen
Der Trefflichen Begleiter sein;
Sie dürfen stetig sie umschweben,
Sie selbst beglücken und beleben.

4*

Doch nun sind, froh sie zu empfangen,
Wir ungeduldig und bereit;
Denn sieh'! die hohen Räume prangen
Der Schönheit und dem Glanz geweiht:
Uns sagt's das Herz — sie ziehen ein;
Ja, ja, sie nahn im Festesreihn!

Es erscheint eine ziemlich bedeutende Anzahl von luftigen,
leicht geschürzten Gestalten, mit mannigfach bedeutsamen Sinn=
bildern. Der Zug wird eröffnet von drei besonders festlich ge=
schmückten Figuren, die sich eng umschlungen halten, und die
eine erhöhte Erregtheit verrathen. Die Neugekommenen begrüßen
die Schaar der Laren mit herzlicher Umarmung, und allseitig
giebt sich die Freude des Wiedersehens und Wiederfindens kund.
Die Laren schließen die Penaten im Kreise ein und sprechen:

Chor der Laren.

Willkommen, willkommen in diesen Räumen!
Empfangt den geschwisterlich zärtlichen Gruß!
Die Brust will doppelt uns überschäumen,
Denn die Trefflichen folgen auf Euren Fuß:
Hier werdet fortan ihr beständig weilen,
Mit uns und mit ihnen die Wohnstatt zu theilen.

Ob Heimath wir jeglichen Platz auch nennen,
Wo ihnen wir nah sind und innig vertraut,
So mochten wir schwer vom Ort uns trennen,
Wo lange wir glückliche Zeiten geschaut,
Wo des Namens Ehre sich wachsend erschloß,
Wo die Kindheit der Töchter und Söhne verfloß.

Chor der Penaten.

D'rum sehen mit freudig gerührten Gefühlen
Wir dieses Gebäudes Gemächer erneut,
Und eifriger folgen wir hier den Zielen,
Die ernst uns die innere Stimme gebeut:
Nie alternd belebt uns und unerschlafft
Das lautere Streben, die rüstige Kraft.

Es tritt heraus:

Die Wohlthätigkeit.

(Mit einer Krone und mit einem Füllhorn, dessen Inhalt sie
ausschüttet.)

Mit will'gem Herzen, vollen Händen
Mag ich des Mitleids Gaben streu'n;
Auch ungebeten mag ich spenden,
Um Noth und Armuth zu erfreu'n;
Hier will ich meinen Tempel bauen
Bei edlen Männern, edlen Frauen.

Aufklärung.

(Mit einem funkelnden Stern über dem Haupte, und einer Fackel
in der Hand.)

Und mit der Wahrheit Himmelsstrahle
Erleucht' ich froh den hellen Geist,
Daß klar er scheidet Kern und Schaale,
Und kühn des Irrthums Flor zerreißt:
Doch frei von dunklem Aberglauben,
Soll nichts den frommen Sinn ihm rauben.

Die drei verbundenen Gestalten, welche den Familien=Wahlspruch
versinnbildlichen, treten in die Mitte des Kreises und sprechen
zusammen:

Integritas, Industria und Concordia.

Doch unter der Schaar der gepflegten Penaten
Vertraute man uns das bedeutsamste Amt;
Wir läutern die Seelen, wir fördern die Thaten,
Und Pläne gelingen, durch uns entflammt;
An Glanz und an Macht wird das Haus sich mehren,
Hält heilig man uns wie bis heut' in Ehren.

Integritas (allein.)

(Mit einer Krystall-Schaale, welche die Aufschrift trägt: Jedem
das Seine.)

Doch nur durch mein gerechtes Walten
Kann fest die Sittenwelt bestehn;
Wo Trug und Willkür ruchlos schalten,
Muß Volk und Staat zu Grunde gehn:
Ich habe dieses Haus gegründet,
Hier bleibt mein Altar angezündet.

Industria.

(Mit einem Flügelstab, auf dem ein Auge und eine Hand abge-
bildet ist.)

Und nur durch mein geschäftig Streben
Kann froh die äuß're Wohlfahrt blüh'n;
Soll schaffend sich die Welt beleben,
Muß jede Kraft wetteifernd glühn:
Sie regt sich jetzt mit schneller'n Schwingen,
D'rum rüst'ger noch wird hier sie ringen.

Concordia.

(Mit einer siebensaitigen Leier.)

Doch ich verband die Elemente,
Ich bin die ew'ge Harmonie,
Den Stoff, den einst das Chaos trennte,
Verknüpft der Geist, den ich ihm lieh:
Und keine Macht kann sie bezwingen,
Wenn sich die Guten treu umschlingen.

Die Laren und Penaten zusammen im Chor.

Ja, ihnen gehört, was wir können und denken,
Ihr Thun und ihr Wollen zum Heile zu lenken,
Denn ihnen ist unser Leben geweiht:
Doch werden die Ziele wir glücklich erringen,
Die glühend und bebend die Seele durchdringen,
Wenn Zeus nicht gnädig die Kraft verleiht?

Eine ungewöhnliche Bewegung wird bemerkbar; ein Lichtglanz verbreitet sich wachsend über die Scene, die in zauberischer Schönheit strahlt, und um alle Gestalten eine höhere Weihe ausgießt — und es erscheint Jupiter von seinem Sohn Merkur begleitet.

Jupiter.

Euren Wunsch vernahm ich, Ihr Getreuen,
Noch bevor zum Himmelsthron er stieg;
Willig mag ich Euer Herz erfreuen,
Denn den Redlichen gebührt der Sieg:
Daß die Kraft für Euer Amt erstarke,
Schenk' ich Euch von meinem Göttermarke.

Streng sollt Ihr die hohe Pflicht verwalten,
Wie der Welt Gewühl auch wogt und drängt;
Nie wird Euer Eifermuth erkalten,
Da ihr liebend an den Edlen hängt:
Schützt, ihr Laren, alle äußern Güter,
Seid, Penaten, innern Adels Hüter.

(Zu Merkur gewendet)
Dich, mein Sohn, wär's eitel zu ermahnen,
Sicher steh'n sie, Deiner Hut vertraut;
Führe ferner sie auf Glückes Bahnen,
Dort wo neu Dir Räume sind erbaut:
Doch bedenk, dort schätzt man nur Gewinn,
Wenn sich Klugheit paart mit gradem Sinn.

(Die Gesundheit zu sich winkend.)
Aber auf Dich will ich reichlich schütten
Köstlicher Gaben köstlichstes Gut;
Schaff'st zu Palästen Du niedere Hütten,
Fülle dies Haus mit Himmelsgluth:
Freude verweile als Schmuck und als Wächter,
Schwebend um glückliche ferne Geschlechter!

Eine prächtige Symphonie fällt ein; Jupiter und seine Be=
gleiter verschwinden unter erhöhter Verklärung. Man sieht die
Mitglieder der Familie durch die Räume ziehn; die Laren und
Penaten zerstreuen sich, jeder nach dem Theil des Hauses, den
ihm sein Amt anweist.

Die Elfenweihe.

(Nach Mitternacht. Neumond. Sternenheller Himmel. Weites,
blühendes Feld, von Hügeln umgeben; in der Mitte eine maje=
stätische Eiche. Schaaren von Elfen versammeln sich von allen
Seiten. Sie begrüßen sich mit magischen Zeichen und bilden einen
Kreis rings um den Baum. Dann singen sie im Chor, einen
zauberischen Reigen tanzend.)

Chor der Elfen.

So hat uns denn wieder die nächtliche Stunde
Aus endlosen Weiten zusammengeführt,
Daß traulich wir bringen einander die Kunde,
Was überall wir erforscht und erspürt.

Denn nichts bleibt unsrem Blicke verborgen,
In Seelen und Herzen selbst dringet er ein;
Wir kennen der Menschen Hoffen und Sorgen,
Wir fühlen die Lust, wir ahnen die Pein.

Und freudig eilen wir, allen zu helfen,
Und Jubel in jeglichen Busen zu streun,
Denn darum nur, darum nur heißen wir Elfen,
Und himmlische Lust ist's, die Noth zu erfreun.

Erste Elfe.

Ich komme von Australia's Küsten,
Wo sich's in reichem Leben regt,
Wo in den nie betret'nen Wüsten
Die Erde gold'ne Schätze hegt.

Und Abend war's. Mit müdem Schritte
Wankt dort ein Jüngling spät daher,
Und mühsam in die öde Hütte
Schleppt er die Tasche goldesschwer.

Und unmuthsvoll wirft er sie nieder,
Ich sah das Auge trauernd glühn,
Und durch die schönen, edlen Glieder
Die Wehmuth und die Sorge ziehn.

„So muß ich denn hier einsam klagen,"
Ruft er, mit Thränen ringend, aus;
„Um schnöden Staub konnt' ich entsagen
„Den Freunden und dem Vaterhaus!

„Nach ihnen schmachtet meine Seele,
„Nach ihnen lechzet mein Gemüth;
„Was frommt's, daß meinen Schatz ich zähle,
„Wenn mich des Herzens Freude flieht?"

Und schnell ließ ich ihn Schlaf umfangen,
Und führt' ihn in der Lieben Schooß,
Gestillt ist lang nun sein Verlangen;
Er ist beglückt mit seinem Loos.

Chor der Elfen.

So hast Du's, Schwesterchen, recht gemacht,
Da nur bei den Unsern die Freude lacht.

Zweite Elfe.

Noch seht Ihr Schmerz und Kummer in mir wogen,
Und meinen Sinn von tiefem Gram umhüllt;
Denn von der Küste komm' ich hergezogen,
Wo wild der Kriegesdonner brüllt;
Wo Ströme Bluts der Donau Ufer schwellen,
Und tausend Leichen fluthen in den Wellen.

Im Lager sah ich einen nord'schen Krieger
Im Krankenbette kläglich ausgestreckt,
Das Auge zeigt den heldenmüth'gen Sieger,
Ist auch mit Wunden schnöd der Leib bedeckt:
Er windet sich in Marter und in Schmerzen,
Doch größ'rer Gram noch glühet ihm im Herzen.

„Weh mir", rief er, „daß mir mein Gott versaget,
„Was ich von Ihm so innig hab' erfleht,
„Daß noch ein unglückfel'ger Tag mir taget,
„Daß nicht die wilde Schlacht mich fortgemäht:
„Was half mir's, in die dichte Schaar zu sprengen,
„Mich eifervoll dem Tode nachzudrängen!

„Denn traurig ist's, in solchem Kampf zu fechten,
„Und Noth und Elend ist ein solcher Krieg,
„Wir kämpfen eitel mit des Himmels Mächten
„Und Unglück selbst sind Waffenthat und Sieg.
„Denn nur im guten Kampf ist Ruhm zu erben,
„Und schön ist's, dort zu siegen, dort zu sterben."

Chor der Elfen.

Ja, ja! manch' treffliches Herz mag verschmachten,
Dem Herren zu folgen in solchen Schlachten.

Dritte Elfe (Phyllis.)

Ich komme nicht vom Goldesstrande,
Nicht wo man blut'ge Schlachten sicht;
Ich schafft' im lieben Himmelslande,
So ist's ja meine ew'ge Pflicht.

Ich sah ein Mägdlein zart an Jahren,
Bei Büchern sinnend und allein;
Schon Manches hatte sie erfahren,
Doch wünschte sie recht klug zu sein.

„Schon wieder", sprach sie mit Besorgen,
„Schon wieder ist ein Jahr dahin,
„Und findet mich mein Festtag morgen
„Mit weiserm Geist und reinerm Sinn?

„Recht viel möcht' ich und gründlich wissen,
„Und groß ist ja die Wissenschaft;
„Hab' ich auch wohl mich recht befliffen?
„Und ach! genügt auch meine Kraft?

„Ich möchte doch so herzlich gerne
„Die lieben Eltern recht erfreu'n,
„Und, wenn auch nur in weiter Ferne,
„Dem Schwesterchen ein Vorbild sein.

„So wollest Du mich, Gott, erhören —
„Ich fleh's aus tiefster Herzensgluth —
„Verstand und Kraft mir zu gewähren,
„Und Fleiß, der nimmer müßig ruht."

Sie sprach's, und für ihr edles Streben,
Das sich zu solchen Zielen schwingt,
Hab' einen Geist ich ihr gegeben,
Der in des Wissens Tiefen dringt.

Chor der Elfen.

Wir stützen mit Freuden die strebenden Geister,
So ist's unsre Pflicht, so befiehlt's uns der Meister.

(Elfenkönig, der bis dahin unsichtbar in ihrer Mitte geschwebt hatte, läßt sich jetzt auf goldenem, von Tauben gezogenem Wagen hernieder. Sein Haupt ist von einer Strahlenkrone umglänzt, die plötzlich die ganze Scene wunderbar erleuchtet. Die Elfen halten mit ihren Tänzen ein und verneigen sich ehrfurchtsvoll vor ihm. Dann:)

Elfenkönig.

Ich kann mein Lob Euch nicht versagen,
Ihr habt das Amt getreu geübt;
Denn stillen sollt ihr alle Klagen,
Und trösten, wo man sich betrübt.

Doch grenzenlos ist oft der Kummer,
Der arme Menschenherzen drängt,
Der selbst im nächtlich stillen Schlummer
Nicht Ruh' und Labung ihnen schenkt.

Denn ich auch bin umhergewallet,
Und hab' im Lande nachgespürt,
Und Klag' und Jammer ist erschallet,
Wohin mich nur mein Fuß geführt.

Hier sah ich Krankheit schrecklich wüthen
Und mit dem Tode furchtbar droh'n,
Ich sah verwelkt der Jugend Blüthen,
Den Greisen trauern um den Sohn.

Dort fand ich Armuth gräßlich nagen,
Und Kindlein wimmern laut nach Brod;
Ich sah ihr Jammern und Verzagen,
Und tief ergriff mich ihre Noth.

Und bald wird sich der Witwen Zahl vermehren,
Und bald der Waisen unglücksel'ge Schaar;
Denn ach! gar viele mag der Krieg verzehren,
Dort im Gewühl der blutigen Gefahr.
Und ziemt es uns, die Edlen zu verlassen,
Die muthig für der Freiheit Gut erblassen?

D'rum will ich noch Gehülfen mir erwählen,
Denn groß und schwer wird unsre Arbeit sein;
Und nimmer darf's an unsrem Wollen fehlen,
Geschäftig schnell zu trösten, zu befrein.
Doch würd'ge Diener muß ich mir erlesen,
Und Schuld beflecke nicht ihr reines Wesen.

Chor der Elfen.

Ein treffliches Wort sprachst Du, mein Gebieter,
Denn Du bist ja immer der Elenden Hüter.

Erste Elfe.

Ist mir ein Wunsch, o Fürst, vergönnet?
Und darf ich Dir bescheiden nah'n?
Ob auch Dein Auge Alles kennet,
Was nur mein Wort Dir sagen kann.

Du weißt, was Phyllis uns erzählet,
Von jenem Mägdlein zart und jung,
Wie sie des Wissens Pfad gewählet
Mit Demuth und Begeisterung.

Vielleicht magst Du sie würdig achten
Als Deine treue Dienerin,
Denn Du kennst ihres Herzens Trachten,
Du schaust in ihren Kindessinn.

Chor der Elfen.

Ja, König, wir flehen's, erhöre die Bitte,
Und führ' sie als Schwester in unsre Mitte.

Elfenkönig.

Was ihr von mir so ungestüm begehret,
Das ist's, wozu mein eigen Herz mich drängt;
So sei denn gern Euch Euer Wunsch gewähret,
Und Chloris als Genossin Euch geschenkt:
Doch ich will, um sie würdig mir zu weih'n,
Von allen Makeln ihr Gemüth befrei'n.

(Auf eine magische Bewegung des Elfenkönigs erscheint Chloris
plötzlich geflügelt an seiner Seite, in leichtem, weißen Gewande.
Eine höhere Röthe umzieht ihre Wangen, doch blickt sie gefaßt
ihre zauberhafte Umgebung an.)

Chor der Elfen.

Willkommen, o Schwester, Genossin, willkommen!
Im Elfenchor bist Du aufgenommen.
So lohnt unser König den Guten und Frommen!

Elfenkönig (Chloris anredend.)

Ich sah Dich in des Winters Schnee und Kälte
Von Haus zu Haus im Dorfe helfend gehn;
Ich schaut's von meines Himmels hohem Zelte,
Und freute innig mich, als ich's gesehn:
Drum wollt' ich Dich zu meinem Dienst erwählen,
Mag nie die Kraft zum schweren Amt Dir fehlen!

(Er berührt sie mit seinem Wunderstabe; sie fühlt sich verklärt;
verspricht durch eine anmuthige Bewegung Treue und stimmt
dann ein in den:)

Chor der Elfen.

Laßt freudig uns eilen, um Allen zu helfen,
Und Jubel in jeglichen Busen zu streun;
Denn darum nur, darum nur heißen wir Elfen,
Und himmlische Lust ist's, die Noth zu erfreun.

(Sie entfernen sich nach allen Seiten hin zu ihren Pflichten.)

———

Der Traum.

(Gegen Morgen. Chloris ist erwacht, während die jüngere
Schwester noch in tiefem Schlummer befangen ist).

Chloris.

Sie schläft noch so süß, das Schwesterchen, still!
Ich dacht, daß ich küssend sie wecken will!
Doch kann ich die reizenden Züge zerstören,
Die feenhaft anderen Welten gehören?
Von des Schlummers Zauber lieblich umfangen,
Umspielen die Grazien schmeichelnd die Wangen.
So pflegen des Zephyr's Lüfte zu kosen
Auf schneeigen Lilien und duftigen Rosen;
So hänget im Lenz auf der grünenden Au
An der brechenden Knospe der perlende Thau.

Agathe (aus dem Schlafe sprechend).

Ja ewig will ich an ihrer Hand
Euch folgen ins himmlische Wunderland!

Chloris.

Horch, horch! der holde Engel träumt,
Und dunkle Red' entschlüpft der Lippen Rand;

Des Herzens Unschuld ist's, die überschäumt,
Leicht löst die Nacht der Seele strenges Band.

(Wärmer und lauter)

O, mag dieselbe Anmuth immer sie umgeben!
Mag der Chariten Chor in Liebreiz sie umschweben,
Laß nicht der Zeiten Sturm sie, großer Gott, berühren,
Mag noch in spät'ster Zeit der Jugend Huld sie zieren!

Agathe (erwachend).

Was ist's? So war es nur ein Traum!
Ich traue meinen Augen kaum!
So deutlich glaubt' ich sie zu sehen —
Verschwunden sind sie, fort in jene Höhen.

Chloris.

Ein Traum gewiß, Schwesterchen, sag ihn mir an,
Ob Dir vielleicht ich ihn deuten kann.
Schon manchmal hab' ich den Sinn Dir entdeckt
Von Träumen in dunkeln Bildern versteckt.

Agathe.

So höre! ich weiß, Du bist vielerfahren,
Der Träume Räthsel zu offenbaren.

———

Es war ein schöner Maientag,
Und festlich prangte die Natur,
Laut klang der Nachtigallen Schlag,
Von Blüthen wogte Wald und Flur:
Es schien ein blüh'nder Himmelsgarten,
Den Elfenhände sorgsam warten.

Und sieh! ein Täubchen schien ich mir zu sein,
Und über Feldern fern, fern hinzufliegen;
Doch macht' ich diese Reise nicht allein,
Ein andres Täubchen schien sich anzuschmiegen;
Und zärtlich so, bald fliegend, ruhend bald,
So zogen leicht wir über Berg und Wald.

Und plötzlich sahn wir aus des Himmels Höhn
Zwei Seraphim zu uns herniedergleiten,
Gestalten lichtumflossen, reizend schön,
Die Glanzesstrahlen weit um sich verbreiten;
Und wie von Adlerfittigen gehoben,
So schwebten sie im reinen Aether droben.

Noch waren sie von uns entfernt so weit,
Wie Sonn' und Mond am hellen Tag es scheinen,
Da stehn sie still, von Wolken rings befreit,
Enthüllt der Freundin Blicken und den meinen:
Wir sehn sie mit den Rosenfingern winken,
Dorthin zu folgen, wo die Sterne blinken.

Nun streb' ich aufwärts, doch mir sinkt der Flügel;
Sie eilen weiter über Fels und Hügel;
Und ermattet wär' ich hinabgesunken,
Doch die Freundin belebt mir des Muthes Funken,
Sie stützet mich liebend, ermunternd und heiter,
Und ich fliege weiter und immer weiter.

Die hehren Gestalten, sie zeigen die Bahn,
Und führen uns strebend himmelan;
Da wächst mir die Kraft, da erhöht sich der Muth,
Ich rufe begeistert von göttlicher Gluth:
„Ja ewig will ich an ihrer Hand
„Euch folgen in's himmlische Wunderland!"
Sie winken mir wonnig, entschweben in Luft,
Umströmt von ambrosischem Aetherduft.
Ich folge mit brennenden Blicken nach —
Aus breit' ich die Arme — und fühle mich wach.

Chloris.

Wie herrlich und lieblich ist, Schwester, der Traum!
Wie duftige Blüthen am markigen Baum;
Nur Glückliches scheint er mir vorzubedeuten
Von sonnigen Tagen und seligen Zeiten.
Ich leg' ihn Dir aus, ganz leicht ist der Sinn,
Doch liegt auch verborgene Weisheit darin.

Das Täubchen bist Du, die Freundin bin ich,
Wir schweben beisammen gar schwesterlich
Auf reizenden Fluren im rosigen Mai,
Dem unser Leben vergleichbar sei.
Die Himmelsgestalten so wunderbar
Sind unser geliebtes Elternpaar,
Sie leuchten empor zum ätherischen Licht,
Den Weg uns führend zu Tugend und Pflicht.
Gar steil ist die Bahn für des Täubchens Schwingen,
Schwer klimmt's an den Fels, wo Adler hingen.

Doch die Eltern, sie mahnen Dir freundlich und ernst,
Bis auf schwierigem Pfade zu folgen Du lernst;
Ich selbst mit bescheid'ner, geringer Kraft
Ich stütze Dich gern, wenn die Deine erschlafft:
Da winken entzückt Dir die Eltern ihr Wohlgefallen,
Und entschwinden, von Wolken verhüllt, in den Himmelshallen.

Agathe.

O, wie schön hast Du's gedeutet
Und wie ganz nach meinem Geist;
Ja, die Nacht hat vorbereitet,
Was der Tag mich sagen heißt.

Feierlich versprech' ich's heute,
An des neuen Jahres Schwelle,
Daß ich stets an Eurer Seite
Mich den Guten zugeselle.
Stets soll Euer Bild mich mächtig mahnen,
Treu zu wandeln auf der Tugend Bahnen.

Chloris.

So sei's — und magst Du das Gelübde wahren
Unwandelbar bis zu den spätsten Jahren.

———————

Willkommen.

Willkommen uns nach langer Qual!
Gegrüßt in unsrer Mitte!
Geendet ist der Leiden Zahl,
Erhört ist unsre Bitte;
Wie sich der Sonne Glanz erneut,
Wenn sie den Nebel hat zerstreut,
Und scheint in Schloß und Hütte.

Zwar drohte Dir zu Schreck und Graun,
Was keine Macht kann wenden,
Doch durft' ich einem Troste traun,
Du warst in Gottes Händen:
Noch Niemand ward der Erd' entrafft
Eh' er sein Tagwerk hat geschafft,
Und viel bleibt Dir zu enden.

Noch prangt Dir reich der Jahre Kraft,
Noch blüht des Geistes Fülle,
Und in Dir wirket unerschlafft,
Ein thätig ernster Wille;
Und in des Auges Glanze lebt,
Und in der Züge Wechsel webt
Der Anmuth edle Hülle.

Willkommen denn, ruft der Gemahl,
Gegrüßt in unsrer Mitte!
Willkommen ruft der Kinder Zahl,
Erhört ist unsre Bitte!
Und in des Jubels reichen Chor
Dringt auch der Freunde Ruf empor,
Es jauchzt Palast uud Hütte.

Genesung.

Flüstern mit schwachem Wort,
Dir, unsrem ewigen Hort,
Flüstern wir Dank?
Heilig wie Jubelchor
Schwingt sich der Geist empor —
Lausche dem Sang!

Wie in Gewölk und Nacht,
Wenn das Gewitter kracht,
Phöbus sich hüllt,
Barg sich das trübe Herz,
Leidend mit Deinem Schmerz,
Schreckenerfüllt.

Doch wie der Iris Licht
Reich sich und strahlend bricht,
Rosenumwebt,
Hüpfet in Glanz und Luft
Jetzt die verklärte Brust
Wonnedurchbebt.

Ob auch der Wiesen Pracht
Heiter und sonnig lacht —
Dich sucht die Flur.
Freudlos und öde scheint,
Trauernd und schmerzumweint,
Uns die Natur.

„Sie, die uns Fürstin war,"
Säuselt der Blumen Schaar,
„Kann sie uns fliehn?
„Die uns so sinnig ehrt
„Und uns mit Sang verklärt,
„Eh' wir verblühn?" —

„Prüfend durch Schmerzenspein,
„Fand ich sie engelrein",
Ruft das Geschick;
„Sie, die der Noth gedacht,
„Selbst in der Qualen Nacht,
„Nehmt sie zurück.

„Lang in der Theuern Schooß
„Blüh' ihr ein glücklich Loos,
„Mehrend die Saat;
„Und in der Jahre Flucht
„Reife zur gold'nen Frucht
„Herrlich die That!"

Der in dem Donner kracht,
Der in dem Zephyr lacht,
Lausche dem Sang!
Der in den Keimen lebt,
Und in den Blumen webt,
Höre den Dank!

Des Pilgers Dank.

(Nach einer talmudischen Erzählung.)

Auf einer langen, mühevollen Reise
Durchzog ein Pilger, gottergeben, weise,
Ein weitgedehntes, dürres Wüstenland:
Rings blendet ihn ein endlos Meer von Sand;
Die Erd' ist Gluth, die ihm die Sohlen brennt,
Gegoßnem Erze gleicht das Firmament,
Es bebt die Luft von heißen Sonnenstrahlen,
Die Häuser ihm und Städte täuschend malen.
„So soll ich hier", rief endlich er verzagt,
„Vor Durst vergehn, der mir am Leben nagt!
„Die Sonne will den Scheitel mir versengen,
„Und mir das Haupt mit Feuerpfeilen sprengen;
„Nicht kann der Fuß mich Müden länger tragen,
„Das Auge selbst will mir den Dienst versagen —
„In Deine Hand, o Herr, vertrau' ich meine Seele,
„Du bist die Güte, Allmacht, Weisheit sonder Fehle."

Da scheint der Horizont sich zu verdunkeln,
Und dichtes Laub im Sonnenstrahl zu funkeln;

Er wagt's, der Hoffnung wieder Raum zu geben,
Er fühlt sie, und sie leiht ihm neues Leben;
Und bald erreicht er eine grüne Fläche,
Gesangreich rieseln um sie klare Bäche,
An deren Rand ein Palmbaum sich erhebt,
Deß Riesenstamm zum hohen Aether strebt;
Er ist umkränzt von vielen starken Zweigen,
Die von dem Mark, das innen schaffet, zeugen;
Und ihn umhüllen tausend mächt'ge Blätter,
Zum Schutz geschaffen gegen Gluth und Wetter,
Und ist mit Früchten schwer und reich behangen,
Des matten Auges sehnendes Verlangen.
„Gelobt seist Du für Deine Huld und Gnade,
„Mit der Du schützest Deines Knechtes Pfade;
„Noch werd' ich leben, Deinen Ruhm zu singen,
„Und Dir des Preises will'ges Opfer bringen."

So sprach der fromme Wand'rer, und im Schatten
Des edlen Baumes schwindet sein Ermatten;
Er kühlt den heißen Durst am frischen Quell,
Der vor ihm sprudelt klar und silberhell.
Und vor der Dattelfrucht, der nahrungsreichen,
Fühlt er des Hungers böse Qualen weichen.
Da zieht ein süßer Schlummer durch die Glieder,
Und auf den duft'gen Rasen sinkt er nieder.
Und als gestärkt er und erquickt erwacht,
Da glänzt die Schöpfung ihm in schön'rer Pracht;
In schnellerm Schwung fühlt er die Pulse schlagen,
Die Seele schweift zu schönen Frühlingstagen.

„Gern möcht' ich", spricht er, „segnen Dich und loben,
„Du mir zum Heil gepflanzter Rettungsbaum,
„Doch nährt Dich nicht der reine Thau von oben,
„Ragt nicht Dein hoher Stamm zum Himmelsraum?
„Und wie die Wurzeln in der Fluth sich netzen,
„So schwillt die Frucht, zu stärken und zu letzen.

„So mag denn jeder Zweig Dir selbst an Fülle gleichen,
„Mögst Du in jedem Kern die eigne Kraft erneun.
„In alle Lande mögen Deine Sprossen reichen,
„In allen Zonen zu gedeihen, zu erfreun:
„Daß sie manch müder Wandrer einst in später Zeit
„Mit warmem Dank lobpreisen mag, wie ich Dich heut!"

Trost.

Wie kann, o heil'ge Musen, hört!
Wie kann ich heute dichten,
Von schwarzen Nebeln fast bethört,
Die Kopf und Hirn vernichten:
Ich seh' Euch, o! ich seh' Euch fliehn,
Nach sonnenvollen Ländern ziehn.

Ihr Holden weilt, mißgönnt mir nicht
Castalia's frische Fluthen;
Denn seht, Diana birgt ihr Licht,
Apollo seine Gluthen;
Doch Ihr — seid treu! Ihr sollt allein,
Sollt mir Ersatz für Alle sein.

Denn mag der Sonne prächt'ger Glanz
Die Welt mit Schmuck umhüllen,
Und mag der Nymphen reicher Kranz
Dianens Fluren füllen,
Die Freude, die das Herz durchbebt,
Beglückt nur die, die Ihr umschwebt.

„Wir hören gern, wer zu uns fleht
„Mit innigem Verlangen;
„Der Geist, der vom Olympus weht,
„Soll läuternd Dich umfangen,
„Bis kühn Dein Sinn zu uns sich schwingt,
„Und in der Schönheit Lichtkreis dringt.

„Und kannst Du, was im Geist sich regt,
„Noch nicht zum Liede runden,
„Bewahre still, was Dich bewegt,
„Auf freundlichere Stunden;
„Dann singe kühn von Recht und Licht,
„Von Lieb' und Tugend — wanke nicht!

„Und daß die heilge Flamme rein
„Mag wachsend in Dir brennen,
„Sollst Du — wir wollen hülfreich sein —
„Die edlen Seelen kennen,
„In deren sonnigem Gemüth
„Der Güte stiller Zauber blüht.

„Sie sind dem hehren Geist entstammt,
„Der liebend durch die Welten flammt,
„Sie sind von ihm, dem sie verwandt,
„Dem Menschen gnadenreich gesandt,
„Um auf des Lebens wirren Bahnen
„An Weisheit, Ewigkeit zu mahnen.

Morgengruß.

Wie aus des Himmels reinem Blau
Die Sonne spielt auf grüner Au;
Wie von der eignen Kraft gesenkt,
Der Thau an Knospen perlend hängt;
Wie sich die Welt, von Glanz umstrahlt,
Im Zauberlicht der Hoffnung malt;
Wie kühner Glaube nimmer zagt,
Und sich in ferne Welten wagt;
Und jeder fremden Freude offen,
Von jedem fremden Leid betroffen,
Mit reinem, heitern Kindes-Sinn,
So floß Dein Leben leicht dahin —
So fließe Dir das Leben hin.

Amor und Hymen.

Scene: Ein schattiger Hain auf den Waldhöhen des mystischen Ida. Amor, mit frischen Blumenkränzen geschmückt, ruht am Rande eines sanft fließenden Baches. Der Köcher liegt unter seinem Haupte. Friedliche Stille, nur vom munteren Gesang der Vögel unterbrochen.

Amor.

Mir gleitet das Jahr
Wie im ewigen Lenze,
Es duften im Haar
Nie welkende Kränze,
Stets jubelt und lächelt mir Sinn und Herz:
Aeonen entflieh'n,
Und Städte zerfallen
Geschlechter verblüh'n
Und Völker verhallen —
Nie alternd umschwebt mich Jugend und Scherz.

Mit Bogen und Pfeil
Durchschweif' ich die Lande,
Und knüpfe zum Heil
Süßinnige Bande,
Denn fehllos fliegt das Geschoß zum Ziel:

Ob's Zufall scheint,

Wie den Schaft ich sende,

Die Götter vereint

Sie lenken die Hände,

Wenn der Thor es belächelt wie Knaben=Spiel.

Amor verfällt allmählig in einen leichten Schlummer; Schaaren von Amoretten erscheinen unter sanfter Harmonie und umschweben ihn. Die Scene verwandelt sich, und man sieht den Tempel der Venus Cythere, wie zu einer glänzenden Feier festlich geschmückt; vor dem goldenen Altar, auf dem die Flamme lobert, steht Hymen in sinnender Stellung. Nach kurzer Pause spricht

Hymen.

Gern möcht' ich ihnen helfen und nützen,

Denn gut sind sie und aus edlem Geschlecht,

Doch binden nur kann ich, ich kann nicht schützen,

So will's mein Amt, nur das ist mein Recht.

Nie wankend und wahr

Ist mein heil'ger Altar,

Und strafen muß ich und furchtbar rächen,

Die frevelnd den Eid der Treue brechen.

Die Hände verknüpf' ich mit Banden von Eisen,

Die Herzen sie folgen der eigenen Bahn;

Die Geschicke zwing' ich in gleichen Gleisen,

Das Glück ist mir nicht unterthan:

Vereint und geschieden,

Verknüpft und gemieden,

So seh' ich sich Tausende sinnlos paaren —

Mir möchte die Fackel in Schmerz entfahren.

D'rum will ich nach mächtigem Beistand schauen,
Der beglücken mir helfe diesen Bund;
Nicht möcht' ich dem lockeren Amor trauen,
Wenn nicht er's beschwört mit Hand und Mund:
Denn täuschend und gaukelnd
Und wechselnd und schaukelnd
Entschwebet er spottend mit schwankendem Flügel,
Und Jupiter lächelt und läßt ihm die Zügel.

Die Scene kehrt wieder zum schlafenden Amor auf dem Berge
Ida zurück. Die Amoretten, einen Reigen aufführend, singen
die folgende Ode. Schon nach den ersten Zeilen erscheint Hymen,
und lauscht dem ernsten Liede mit sichtbarer Ueberraschung, die
sich allmählig zum Staunen steigert.

Amoretten.

O Liebe, Gnade, Güte, Weisheit,
Die Ihr in holdem Himmelsbund die Welt regieret,
Die Ihr uns an den Vater mahnet,
Der tausend Sonnen Pracht an ew'gen Banden führet;
Die Ihr in sel'gen Harmonien
Das All umwandelt in melod'schen Zauber=Kreisen,
Und fest in schöner Eintracht bindet
Die niedern Sterblichen, die Eure Allmacht preisen:
Euch gebührt des Liedes höchste Feier,
Fast zu groß für schwacher Genien Leier!

Denn freudig beugt sich jedes Wesen
Dem gnadenreichen, milden Joch, das Ihr gebietet,
Und dankend ehrt es Euren Segen,
Womit Ihr Alle vatergleich beschirmt und hütet:

Ja, freier unter Eurem Zwange
Als im unbändig gränzenlosen Herrscherwillen,
Bereit, in Euren heil'gen Schranken
Des Pflichtenbundes schweren Wettkampf zu erfüllen:
    Glücklich schwindet die Nothwendigkeit,
    Und gelöst ist des Gemüthes Streit.

Ihr hauchtet in des Menschen Seele
Von Eures milden Feuers ewig reinen Funken,
Und glücklich wer, ob schwach und sündig,
Vom frischen Himmelsthau, den Ihr gestreut, getrunken.
Wenn ich dem stillen Triebe folge,
Der mir gebeut, die Welt in Liebe zu umfangen,
Wenn Eurer ernsten Stimme Töne
Mir in das Herz erwärmend, zündend, flammend drangen;
    Dann, o dann ist Er in mir erschienen,
    Dem die Ewigkeiten zitternd dienen.

    Die Amoretten verschwinden, Amor erwacht.

Amor.

Gern mag ich's, wenn im Traum sie mich umringen,
Und ernst von ihrem Amt und ihren Pflichten singen;
Doch wird man je ihr Wesen ganz begreifen?
Wird je der Menschen Sinn verständig reifen?

    (Er erblickt Hymen, der fast ehrfurchtsvoll ihm naht.)

Nun, nun, mein strenger Freund, was soll das Staunen?

Hymen.

Ich bin verstummt: bist Du das Kind voll Launen?

Amor (laut auflachend.)

Der bärt'ge Mann läßt sich vom Kind betrügen?

Hymen.

Die unbeständ'gen Flügel sollten lügen?

Amor.

Versteh'! für mich, den lockeren Gesellen,
Geziemten, däucht Dir, bunte Narrenschellen?

Hymen.

Von allen Zeiten und in jedem Land
Bist Du, Du weißt's, der lose Schelm genannt.

Amor.

Ja, ja, die Reimer und die Poetaster,
Sie wälzen frisch auf mich die eignen Laster;
Gemein und bös wie ihre Phantasieen
Ist die Natur, die mir ihr Vers geliehen:
Nicht wechselt Proteus so an Form und Ton,
So nicht an Farbe das Chamäleon,
Ja nicht die Wolke, die der Westwind thürmt,
Die Welle nicht, die an die Klippe stürmt;
Gelästert und verspottet und verschmäht
Hat mich die Lügenschaar, die nimmer mich versteht.
Die Flügel hat mir Jupiter gegeben,
Daß überm Erdenstaub ich hoch soll schweben.
Der Köcher und der Bogen soll bedeuten,
Daß ächte Liebe wachen muß und streiten,
Sich wahre vor Gefahr als tapfrer Schütze,
Und dem geliebten Freunde muthvoll nütze.

Der Pfeil, der in das Herz bringt, soll bekunden,
Daß Liebe willig trägt des Andern Wunden,
Daß gern sie opfert all' ihr Schatz und Gut,
Und es besiegelt mit des Herzens Blut.
In Kindheit bleib' ich und in steter Jugend,
Weil nur die Unschuld mich begreift und Tugend. —
Doch nun genug, ich werd' Dich nicht bekehren,
Ihr großen Herrn verschmäht des Knaben Lehren;
So sag' mir kurz, was hat Dich hergeführt,
Daß ich Dich ehre, wie es Dir gebührt.
(Sich ironisch verneigend.)

Hymen.

Verzeih', ich seh' Du bist der größ're Meister,
Du bist der Herr der Herzen und der Geister.

Amor.

Du irrst, ich bin ein armes, machtlos Wesen,
Sonst würd' im Blick ich Deine Bitte lesen.

Hymen.

Ich seh', ich find' Dich nicht bei bester Laune.

Amor (mit einer ungeduldigen Bewegung).

Schon wieder! Man dächt', ich wär' ein Faune.

Hymen.

Ich komme, Dich um eine Gunst zu bitten.
Du kennst das schöne Inselland der Britten,
Wo Du es liebst, zu kosen und zu weilen,
So manche Wunde schlägst, um sie zu heilen.

Dort ist ein edles, hoffnungsreiches Paar,
Das heut' sich nahen will meinem Altar:
Die Braut so duftend an Gemüth und Güte,
Wie in des Zephyrs Hauch die Lindenblüthe;
So frei und hochaufstrebend der Gemahl,
Wie stolz die Pappel glänzt im Morgenstrahl;
Und beide sind entsprossen dem Geschlecht,
Deß Name glänzt durch Edelsinn und Recht.
Ich weiß, Du bist den Liebenden gewogen,
Denn manches Jahr hast Du sie angezogen
Mit Deinen zarten, unsichtbaren Fäden,
Da Blick' und Wünsche nur, nicht Worte reden.
Gar oft hat sie viel Andern beigestanden,
Die sie sich sehnen sah nach Deinen Banden;
Und er pries Deine Macht oft laut und voll
In frischem Lied, das ihm vom Herzen quoll.
Daß o! den Trefflichen die Gunst verbliebe,
Die reich Du schenktest ihrer jungen Liebe!

Da Amor antworten will, erscheint Merkur mit allen Zeichen
geschäftiger Eile.

Merkur.

Mich hat Zeus gesandt
In dieses Land,
Euch Beide zumal
Zu rufen zum Saal,
Wo die Götter vereint,
Wie mir es scheint,
Zu wichtigem Rath
Und zu großer That

Versammelt sind.

D'rum geschwind, geschwind!

So ein ernst Gesicht

Sah ich lange nicht,

Wie sie Alle machen.

(Zu Amor gewendet)

Du Kleiner, Dein Lachen

Mit den droll'gen Schwänken

Und den tollen Ränken

Und lustigen Possen

Wird die strengen Genossen

Eines Bessern belehren,

Denn Du kannst Alles verdreh'n und verkehren.

(Amor blickt ihn spottend an; alle drei verschwinden.)

Götterfaal auf dem Olymp. Volle Versammlung der Himm=
lischen. Jupiter und Juno sitzen erhaben auf goldnen Thronen,
die anderen Götter sind nach der Ordnung ihres Ranges um sie
auf niederen Sesseln gereiht; die Musen und Grazien stehen
ihnen zur Seite.

Jupiter.

(In einer Anrede begriffen; schon nach den ersten Zeilen erscheinen
Amor und Hymen, die sich zwischen Ceres und Pan stellen.)

Von Gaukelei und List ist es gewoben,

Von Meineid, Falsch und bübischem Verrath;

Der Sinne Reiz, der Leidenschaften Toben

Folgt blind zerstörend seinem Unheilspfad;

Wie Schmetterlinge flatternd Blüthen saugen,

So schweift es schwankend nach der Lust der Augen:

Dies Schattenbild, Ihr wißt's, durchzieht die Erde,

Das frech des reinsten Gottes Wesen borgt,

Das auch sich einschmiegt an dem heil'gen Herde,
Wo Elternliebe wacht und schützt und sorgt.
Ja, oft hat uns es selbst in's Netz gezogen,
Und Andre täuschend, waren wir betrogen.

(Sich zu Amor wendend:)

D'rum hab' ich Dich, mein Sohn, vor uns geladen,
Daß diesem Paar Du Deinen Beistand leihst;
Doch weiß ich wohl, Du selber willst nicht schaden,
Und kannst nicht nützen, wie geneigt Du sei'st:
Wohlan so magst Du mir die Götter nennen,
Die Dir zu Seite stehn und helfen können.

Amor.

O Vater, Du kannst ja die Herzen lesen,
Du weißt mein Wollen, verstehst mein Wesen,
Dir öffn' ich mein Sinnen mit ganzem Vertrau'n;
Denn gnädig hast Du geschmückt mein Leben,
Von Deiner Natur mir ein Theil gegeben,
Daß ahnend ich kann Deine Größe schau'n.

Oft sinn' ich staunend und kann's nicht begreifen,
Wie Hymen mag von der Würde schweifen,
Die sein edler Stamm ihm bewahren soll.
Denn ist er nicht großen Eltern entsprossen
— Ihr Ruhm ist durch's Weltall ausgegossen —
Uranien's Sohn und des hohen Apoll?

Und ist nicht der Vater der Meister des Schönen?
Die Mutter die höchste nicht aller Kamönen?
Nicht Beide der Seel' und des Geistes Bund?
Ach! ohne den schützenden Segen der Beiden,
Sind flüchtig und eitel nur Hymens Freuden,
Ein eherner Bau auf schwankendem Grund.

Auch ich hab' glühende Lieb' einst empfunden,
— Ihr Himmlischen wisset, sie ist nicht geschwunden —
Für Psyche, die zärtliche, bin ich entbrannt:
Doch ganz nicht war ihre Seele geläutert,
So ist, ach! mein süßes Hoffen gescheitert,
Und leidend irrt sie von Land zu Land.

Doch darf Dein Reiz nicht, o Mutter, fehlen,
Wo glücklich Liebende sich vermählen,
D'rum sei mit Deinen Chariten nah':
Doch willst Du wahre Wonne kredenzen,
So mußt Du im Geistesschmuck erglänzen,
Dich zeigen als Venus Urania.

Und geharnischte Schwester, auch Du mußt erscheinen,
Denn befreien kannst Du zugleich und vereinen;
Die Weisheit löst und versöhnt den Streit:
Sie lehret, die Menschen und Dinge zu messen,
Der Selbstsucht niedere Triebe vergessen,
Sie theilet die Freuden und trägt das Leid.

Wenn sie, die ich nannte, mir helfen wollen,
Will gern ich und reichlich den Beistand zollen,
Der Wärme verleihet und fröhliches Licht:
Denn durch Liebe nur leben die Tugenden alle,
Sonst gleichen sie wahrlich! dem luftigen Schalle,
Der leer sich und kalt an der Felswand bricht.

Jupiter
(zu den Göttern gewendet.)

So mögt Ihr, wie mein Sohn es sprach, vollenden,
Mit voller Hand dem jungen Paare spenden.

Apollo.

Wie meine Saiten sich innig verbinden,
So soll um die Seele die Seele sich winden;
Wie die Freude auf meinen goldnen Thronen,
So soll sie in ihren Herzen wohnen.
Gewährt sei ihnen des Liedes Gabe,
Daß schaffend, genießend es Beide labe.

Urania.

Die Geister will ich läutern, verklären,
Sie führen mit Kraft zu der Wahrheit Sphären;
Durch der Schwestern Hülfe, der willigen Musen,
Verleih' ich Frieden und Klarheit dem Busen;
Fehlt ihnen der Muth nicht, sich aufwärts zu schwingen,
Sie sollen in meine Geheimnisse dringen.

Venus.

Wie heut' ihm in Liebreiz lächelt die Braut,
Wie heute sie strahlend den Bräutigam schaut,
So wird noch nach langen und langen Jahren
Um Beide die Huld sich und Anmuth schaaren:
Denn Schaffen und Leben in Geist und Gemüth
Bewahret die Schönheit, die nimmer verblüht.

Minerva.

Mit des Wissens reichen, unendlichen Schätzen
Will ihren Sinn ich erquicken und letzen,
Es enthülle sich ihnen der Gottheit Bild:
Du suchest im bunten Strudel des Lebens
Und im eitlen Prunke die Freude vergebens,
Die tief aus des Geistes Schachten quillt.

Ceres.

Wohl weilet die Lieb' in Palästen wie Hütten,
Doch ihr Füllhorn wird sie nur ganz ausschütten,
Wo Schlichtheit wohnt und die reine Natur:
D'rum, soll sie der irdische Glanz erfreuen,
So muß in das Herz ich die Einfalt streuen,
Die den Schäfer beglückt auf Arkadiens Flur.

Amor.

Habt Dank, Ihr Unsterblichen, glühenden Dank!
Jetzt bleib' ich bei ihnen ihr Leben lang.
(Zu Hymen)
Hier wollen untrennbar wir uns verbinden,
Und treu sollst Du und beständig mich finden.

Hymen
(ihm die Hand reichend, die er willig annimmt.)

Verzeih' daß ich so Dich geschmäht und verkannt;
Jetzt gilt mir Dein Wort wie das heiligste Pfand:
Nun weiß ich, daß gern bei der Tugend Du wohnst,
Und mit süßem Glücke sie herrlich belohnst.

Inzwischen waren Juno und Jupiter offenbar in ernster
Berathung gewesen. Nach kurzer Pause spricht:

Juno.

Ich schwör's, daß ich den Segen nicht versage,
Der meiner freien Obhut ist vertraut;
Der Kinder Spiel soll schmücken ihre Tage,
Auf festen Säulen sei ihr Haus gebaut.
Ich will, daß von Geschlecht sich zu Geschlechte
Des kräft'gen Stammes lange Kette flechte.

Jupiter.

Mit mächt'gem Herrscherwort will ich dem Schicksal wehren,
Daß nie an ihrem Heil soll Gram und Kummer zehren;
Ich will mit Jugend sie und ihre Theuren stärken,
Daß sie, wie jetzt, mit Lust sich freu'n an edlen Werken;
Und wenn mit Stolz sie rühmen ihrer Enkel Bahnen,
Sie dankend und gerührt noch schau'n die Kraft der Ahnen.

Wie heute sie dort begehen die Feier,
So laßt uns sie theilen in diesem Saal;
Apollo rühre die jubelnde Leier,
Und Hebe reiche den duft'gen Pokal.

Und keiner soll heut' in Betrübniß klagen:
Doch seh ich Einen unter uns zagen,
Deß Loos mein väterlich Mitleid rührt,
Und trösten will ich ihn, wie's ihm gebührt.

(Er erhebt sein Scepter und spricht:)

Erscheine, erscheine,
Geprüfte, Reine,
Dein harret mein Sohn,
Er sei Dein Lohn.

Psyche, eine edle, milde Gestalt, zeigt sich den Göttern, die
sie mit freudigem Wohlwollen begrüßen. Jupiter führt sie zu
Amor, und auf seinen Wink tritt Hymen vor, legt die Hände
Beider in einander und spricht:

Hymen.

Ihr, die Euch gefunden,
Seid ewig verbunden —
Die liebende Seele,
Gereinigt von Fehle,
Die seelische Liebe
Voll göttlichem Triebe.
Ihr sollt das Vorbild jener Ehen werden,
Die glücklich man und selig preist auf Erden.

II.

Allgemeines.

———

Wissenschaft und Kunst.

„Wie hoffst Du, Freund, zwei Dinge zu vereinen,
„Die sich zu flieh'n und unverträglich scheinen?
„Du willst gelehrt das Urwerk kommentiren,
„Und doch zugleich nach Lust poetisiren?
„Wie kann die Hand die zarte Leier schlagen,
„Und stürmend doch mit Pfeil und Speer es wagen?"

So wollt ihr stets für unversöhnlich halten
Der Pallas und des Phöbus heil'ges Walten?
Derselbe Gott hat Beide sie geboren,
Sie zu verwandten Pflichten auserkoren:
Oft siehst Du Pallas Schild und Spieß ablegen,
Oft siehst Du Phöbus Pfeil und Bogen regen.

Und traun! das Schöne muß sich mit dem Wahren
Im Buch der Bücher treu und innig paaren;
Denn wie der Sonne Bild auf klaren Fluthen,
So spiegelt sich das Schöne gern im Guten:
Wem nicht die Wissenschaft sich kann zur Kunst verklären,
Dem werden beide nicht ihr reichstes Gut gewähren.

7*

Was giebt es Neues?

„Den besten Morgen! Freund" — Sei herzlich mir will=
kommen.

„Was giebt es Neues? sprich" — Ich habe nichts ver=
nommen.

„O doch, besinn' Dich nur!" Ich kann auch gar nichts
finden.

„Du kannst mir nichts vertrau'n?" Nichts, nichts, bei meinen
Sünden!

„Du kommst doch viel umher" — Ich geh' nicht vor die
Thüre.

„Ach Du verbirgst mir's nur" — Verlangst Du von mir
Schwüre?

„Du bist doch sonst beredt" — Welch' wunderschönes
Wetter!

„Du spottest, Freund, es gießt" — Befreit mich, gute Götter!
Doch weil ich denn durchaus Dir Neues soll erzählen,
Vernimm dies eine nur, und dann hör' auf zu quälen.
Ich sprach mit einem Mann, die Stadt nennt ihn den Weisen,
Reich an Gemüth und Geist, gereift durch lange Reisen.
Wir sprachen viel und lang', ich lauschte mit Entzücken,
Und edles Feuer sprüht' aus seinen sinn'gen Blicken.
Er schöpfte von des Geistes tiefstem Silberschachte,
Und jedes Wort verrieth, wie klar und scharf er dachte.
Und Wissenschaft und Welt, die Thaten der Geschichte
Erschlossen sich mir schön im hellsten Strahlenlichte.
Der Alltagsjammer schien dem Sinn sich zu entrücken,
Und doch glaubt' ich das Jetzt in höh'rem Glanz zu blicken:

Ich schwebte hochbeseelt in fernen, schönern Räumen,
Und doch vermeint' ich nur von dieser Welt zu träumen.
Noch lange sprachen so wir von den ältsten Dingen,
Und neue Kränze schien er frisch um sie zu schlingen.
Vergessen war des Daseins kleinliche Misere,
Und neu gestärkt war ich für dieses Lebens Schwere.
O mögst Du diesen Rath, mein Theurer, nicht verschmähen,
Und vielfach wird sich Dir des Lebens Werth erhöhen:
Ein Jeder trage still die tausendfachen Mühen,
Auf Stunden soll bei Menschen ihnen man entfliehen.

Das Schneegestöber.

Sieh' wie die Flocken sich jagen, wie munter im Wind sie
sich tummeln!
Schüttet auf einmal die Luft endlose Schätze hervor?
Welche Verwirrung im Aether, im bunten Gewühl durch=
einander!
Traun, mit sich selber im Kampf scheint mir der Himmel
zu sein!
Grau sind die Wolken gethürmt, und unten verschwindet
die Erde;
Ja, in der ganzen Natur herrscht, wie mich dünket, der Streit.
Aber nun fallen die Flocken schon selt'ner vom Aether hernieder,
Und an des Himmels Rand glänzet die Sonne hindurch.
Wieder erblick' ich die Bläue, durch Zauber von Wolken
gereinigt,
Und in erhabenem Ernst schweiget der Wald und die Flur.

Aber der Schnee hat die Felder in wärmende Decken gehüllet,
Und die verborgene Saat treibt in dem schlummernden Keim.
So ist der Streit der Natur zu harmonischem Frieden geordnet:
Löst Dein Zwist auch, o Mensch, so in dem Busen sich auf?

Schlaf und Tod.

Ein griech'scher Weiser, altersschwer,
Schlief überall, wo man ihn fand,
Deß wunderte sein Freund sich sehr
Der rüstig immer ihn gekannt.
„Der Schlaf will, ach!" sprach er mit Stöhnen,
„An seinen Bruder mich gewöhnen."

Die Abgangsprüfung.

Nur Prüfung ist das Leben
In seinem langen Lauf,
Wie munter wir auch streben,
Sie hört doch nimmer auf.

Der Vater prüft den Knaben,
In ängstlichem Gefühl,
Späht nach des Geistes Gaben
Schon in dem kind'schen Spiel.

Und tausend Knospen schießen
Im jungen Geist hervor,
Und tausend Triebe sprießen
Heraus in lust'gem Chor.

Ob wohl die zarten Blüthen
Des Sturmes Kampf bestehn?
Ob ach! vor seinem Wüthen
Sie in das Nichts verwehn? —

Es wird nach heißen Mühen
Der kleine Rest gepflegt,
Bis schön die Geister glühen,
Das Herz voll Liebe schlägt.

Doch wird des Jünglings Wärme
Dem Mann noch Schwung verleihn?
Und wird im Weltenlärme
Sich treu das Herz noch sein?

Wird stets für Recht es schlagen
Und jedes heil'ge Gut?
Und Alles dafür wagen
Mit Heldensinn und Muth?

Wird es nicht eitel klagen
Beim flücht'gen Sieg des Trugs?
Wird es nicht feig verzagen
Beim Scheinerfolg des Lugs?

Wird es an sich nicht denken,
Wenn es wo helfen mag,
Sein Blut dem Schwachen schenken,
Der der Gewalt erlag?

Wird es in spätern Zeiten
Den Freunden noch erglüh'n?
Und noch in fernen Weiten
Für sie wie früher blüh'n?

So prüft uns stets das Leben,
So prüft uns stets die Zeit;
Und wer kann Antwort geben,
Was von der Saat gedeiht?

Und bei dem Abgang prüfen
Wir uns wohl selbst einmal,
Heil! wenn die Parzen riefen,
Wir rückschaun ohne Qual!

Und ist dann Prüfung wieder,
Wenn uns das Grab umhüllt? —
Rührt nicht den Schleier, Brüder,
So lang uns Leben quillt.

So laßt uns unsre Pflichten
Mit Lust und Freude thun,
Mag dann die Nachwelt richten,
Wenn wir im Staube ruhn.

Klage und Trost.

Tochter.

Zürnend könnt' ich mit dem Schicksal rechten,
Klagen könnt' ich's jenen Himmels=Mächten,
Die des Sanges Zierde mir versagt:
Von den muntren Erdenwesen allen
Gleichet nichts dem Chor der Nachtigallen,
Der sein holdes Lied dem Walde klagt.

Mutter.

Tochter, in dem Ton der Philomele,
Haucht er gleich des Seraphs reine Seele,
Malt sich ach! des Busens tiefste Qual:
Niemand dringt in des Gesanges Tiefen,
Der die Schmerzen nicht, die ruhig schliefen,
Thöricht weckt mit blindem Zauber=Strahl.

Tochter.

Aber, Mutter, vor der Macht der Lieder
Fallen huldigend die Geister nieder,
Still beugt sich der Männer stolzes Herz;
Im geweihten Spiele der Kamönen
Eint sich schnell das Schöne mit dem Schönen,
Und die Seelen schweben himmelwärts.

Mutter.

Willst Du ewig fest die Herzen binden,
Trau' auf Reize nicht, die flüchtig schwinden,
Nicht auf trüg'rischen Sirenensang:
Wenn die Tugend sich im Antlitz malet,
Wenn die Unschuld hold im Auge strahlet,
Herrschst Du durch der Anmuth süßen Zwang.

Das Geschöpf der Liebe.

Die Liebe hatte vollendet
Die Welt und das himmlische Heer:
Es lebt in der Luft und im Walde,
Es regt sich im schäumenden Meer.

Sie blickt auf die jungen Geschöpfe,
In spielende Pärchen vereint,
Es kosen die scherzenden Täubchen,
Die Nachtigall schmachtet und weint.

Und stolz in dem Prunke des Eden
Da wandelt der Mensch und gebeut,
Doch darbt ihm das Herz in dem Glanze,
Da nichts tiefsinnig ihn freut.

Die Liebe schauet im Himmel
Mit sinnendem Ernste sein Leid;
Ihr höchstes Geschöpf zu beglücken,
Ist froh sie und willig bereit.

Sie formt von Strahlen der Sonne
Ein liebliches Bild und von Thau,
Belebt es mit fächelndem Zephyr,
Und schmückt es mit Blüthen der Au.

Und haucht in den fühlenden Busen
Von der eigenen Lieb' ein Theil,
Und gießt in den Geist ihr die Anmuth
Und Freud' und Wehmuth und Heil.

Und führt zu dem trauernden Manne
Das wundersam reizende Bild;
Und als er das Wesen erblickte,
War Trauer und Sehnen gestillt.

Da sprach die unendliche Liebe:
„Sie sei Dir als Gattin gewährt;
„Doch wisse! sobald sie Dir eignet,
„Ist Eden Dir ewig zerstört.

„Verbannt vom Garten der Wonne,
„Verfällst Du der Schuld und dem Schweiß,
„Du ringst mit dem wuchernden Boden,
„Und spärlich nur lohnt er den Fleiß.

„Und fluch= und jammerbeladen
„Verzehrst Du in Thränen Dein Brod,
„Als Flüchtling schweifst Du auf Erden,
„Und endlich umfängt Dich der Tod.

„So sinne denn, ehe Du wählest,
„Und prüfe Dich, eh' es zu spät:
„Im Himmel strahlt sie geborgen,
„Wenn Deine Wahl sie verschmäht."

„O gieb mir die Holde, Allmächt'ger,"
Ruft Adam mit Thränen im Blick,
„Mich reizt nicht der Garten der Wonne,
„Mich lockt nicht das prunkende Glück.

„Sie schafft mir, wo ich auch weile,
„Entzücken des Eden und Licht,
„Und ob ich in Nöthen mich plage,
„Sie theilet der Sorgen Gewicht.

„So nimm das unsterbliche Leben —
„Gieb sie mir zur Lust und zur Zier;
„Sie bleibt mir, wenn ich geendet,
„Auf ewig im Himmel bei Dir."

Scheingröße.

„So herrschte seit ewigen Zeiten wie heut,
„Die Heuchelei und die Lüge?
„Und die Falschheit krönt bis in Ewigkeit
„Sich mit schimpflich erbeutetem Siege?
„Muß zagend die Tugend von dannen ziehn,
„Und die Wahrheit scheu vor der Lüge fliehn?"

Beneide nicht, Freund, das vergängliche Glück
Des verworfenen, buhlenden Heuchlers;
Denn kläglich und schwer ist das Jammergeschick
Des gleißnerisch schleichenden Schmeichlers;
Von der Tugend borgt er — und mühet sich heiß —
Die täuschende Maske mit Noth und Schweiß.

Und sieh' wie die Furcht, die Entlarvung scheut,
Ihm jegliche Stunde verbittert;
Wie oft der Betrug ihn selber gereut
Wenn er vor dem Muthigen zittert;
Und ist's ein Leben, des Daseins werth,
Unablässig bedroht vom zermalmenden Schwert?

Nun ist er gegangen in's ewige Haus —
Wie hat er doch eitel getrachtet!
Der flüchtige Ruhm ist verschwunden — ist aus —
Liebkosend, liebkost — und verachtet;
Schon lebend genoß er den irdischen Lohn —
Es folgte dem Namen Verachtung und Hohn.

Nur zögernd erstarket des Eichbaums Kraft,
Und Jahre nach Jahren entschwinden;
Doch wenn lang schon der Pflanzer ist fortgerafft,
Wird der Enkel noch Kühlung dort finden:
Denn gleich einer ew'gen, unendlichen Saat
Ist der große Gedanke, die edle That.

Doch das Unkraut wuchert auf blühendem Feld
Gar schnell und in schimmernden Farben;
Und ob's auch flüchtig und spurlos zerfällt,
Es zerstört die nährenden Garben:
Drum kennet und strafet mit strengem Gericht
Das Heuchlergeschlecht und das Lügengezücht.

Freundschaft.

Wohl süß ist's, in des Freundes treuen Armen,
Die Welt vergessen und ihr kalt Gewühl;
Doch muß die Welt Dir durch den Freund erwarmen,
Im Freunde sei die Welt Dein höchstes Ziel;
Wohl ist es schön, für eine Seele leben,
Doch liebend soll der Mensch für Alle streben.

Zwar ist der Freund im Unglücksfall ein Retter,
Ein Tröster in des Herzens trüber Noth;
Im Sturm ist er und in des Blitzstrahls Wetter,
Im Wogenschlag des Lebens Dein Pilot:
Doch wer nicht kann das größ're Opfer bringen,
Wird nie der Freundschaft höchstes Gut erringen.

Liebe.

O Götterkraft, der einst die Welt entsprungen,
Mit der des Himmels Aug' uns treu bewacht,
Die Du in Herzen und auf Spötterzungen
Der Sehnsucht heilig Feuer angefacht:
In's grause Chaos stürzt die Welt zusammen,
Erlöschen jemals Deine keuschen Flammen.

Doch wer beschreibt den Zauber, nennt die Wonne,
Wenn Du durch Amor's Macht die Herzen ein'st;
Wenn Du mit ewig milder, gold'ner Sonne
Der Erde wechselvolles Spiel beschein'st:
Das Herz, das nie erglüht vom Liebesfunken,
Fürwahr! in's grausi're Chaos ist's versunken.

That, Wort, Geberde.

Es sei in That und Wort und Zügen
Die Liebe Deines Lebens Ziel:
Mag nie die That das Wort belügen,
Und nie das Wort der Mienen Spiel.

Lob und Tadel.

Wohl mag Dein Antlitz Schaam bedecken,
Und um die Wange Röthe ziehn,
Wenn Dich des Tadels Stimmen schrecken,
Und alle Schmeichler spottend fliehn.

Doch wie kannst Du die Bürde tragen,
Wenn man Dir reiches Lob gezollt!
Denn jedes Lob kann Dir nur sagen,
Nicht was Du that'st — nur was gesollt.

Räthſel.

1.

Es iſt ein Weſen geheimnißvoll,
Ich weiß nicht, wie ich es nennen ſoll.
Es iſt ſanft, wie des lieblichen Täubchens Blut,
Es iſt wild, wie des raſenden Tigers Wuth;
Es gleichet dem Veilchen an wonnigem Duft,
Und dem wilden Dorn in des Waldes Kluft.
Jetzt fliegt's zum Aether auf Engelsſchwingen,
Nun kriecht's im Staub wie der Schlange Ringen.
Bald iſt's entzückt wie der Seeligen Chor,
Bald trüb gleich dem, der das Liebſte verlor.
Es ſchafft ſich Luſt ohne Maaß und Zahl,
Es martert ſich ſelber mit namloſer Qual.
Es liebet, es haſſet, es weiß nicht warum?
Es ſegnet, es fluchet, was kümmert ſich's d'rum?
Im tiefſten Verſteck iſt's ſicher verborgen,
Da lauert's beſtändig, wie heute ſo morgen.
Doch iſt ein Verräther ihm beigeſellt,
Der was es nur ſinnet Dir treulich erzählt;

8

Wenn heiter er lächelt, so magst Du vertrau'n,
Blickt finster er, rath' ich Dir, um Dich schau'n.
Nun, kannst Du das seltsame Wesen mir nennen?
Und auch den Verräther, ich wünscht' ihn zu kennen.

Auflösung:
Des Menschen Herz ist das Wunderwesen,
Du kannst sein Sinnen im Auge lesen.

Räthsel.

2.

Es ist ein Bild, das reichen Inhalt spiegelt,
Ein kunstvoll, reizend, staunenswerthes Bild;
Dem Stumpfsinn bleibt sein reicher Schatz versiegelt,
Dem Forscher=Auge liegt es klar enthüllt;
Denn wenn Du seine Tiefe willst versteh'n,
Mußt Du den Geist, mußt Du die Welt erspäh'n.

Zuerst ist's heiter, himmlisch rein und milde,
Der Friede ist's, der Dir entgegenlacht,
So strahlt die Sonn' auf duft'gem Lenzgefilde,
Wenn die Natur zu neuem Glanz erwacht.
Du schaust es an und schweifst zu schön'ren Zeiten,
Zu Tagen ach! die mährchengleich entgleiten.

Doch rauh und wild wird bald der Sturm andringen,
Der Kampf ist's, den Du nun wirst walten seh'n:
So mag die Frucht sich aus der Blüthe ringen,
Mit Wind und Gluth den schweren Kampf besteh'n.
Doch, streb' es auch in mühsam heißem Streite,
Dies ist des Bildes allerreichste Seite.

Nun ist der lange Zwiespalt ausgerungen,
Und die Versöhnung ist's, die würdig strahlt,
So scheint es, wenn der Donner ist verklungen,
Daß sich im Bach die Herbstessonne malt:
Zuletzt muß dieses Bild vergehn, zerfallen,
Doch kann sein Lob noch lang' auf Erden schallen.

Morgen und Abend.

O wohl entzückt des Kindes Lächeln,
Wenn es in holder Unschuld blüht;
Es gleicht des Morgenwindes Fächeln,
Wenn rosig mild Aurora glüht.
Doch ach! der Glanz mag schnell sich wenden,
Der Tag in Schauern schrecklich enden.

8*

D'rum schöner noch pflegt sich zu malen
Des Greises lächelnd Angesicht,
Es gleicht der Abendröthe Strahlen,
Schon hell umglänzt vom Mondeslicht:
Wenn Hagel auch herabgeschossen,
Hat heiter doch der Tag geschlossen.

Geschick und Herz.

Wohl ist es schön, mit Lust zurückzuschauen
Auf langer Jahre wolkenloses Glück,
Wenn sich gleich ewig blüh'nden Frühlingsauen
Dein Leben malt vor dem entzückten Blick;
Umschwebt vom Schutze sel'ger Himmelsschaaren,
Kann sich der Busen rein und sanft bewahren.

Doch wenn der Pflichten heiße Kämpfe wüthen,
Wenn sich des Schicksals grause Welle thürmt,
Da fallen, ach! des Herzens zarte Blüthen,
Ein Raub des Eishauchs, der verheerend stürmt.
Beglückt, wenn Dir die Leiden nicht den Glauben,
Und nicht der Liebe holden Zauber rauben.

Gränze.

Ist Alles auch ein Spiel in Schicksals Händen,
Das keine Tugend, keine Kraft kann wenden,
Dem Edlen bleibt ein unantastbar Gut:
Mag auch von außen Schmach und Knechtung drücken,
Von innen kann die Würde Dich beglücken,
Die heilig in des Busens Stille ruht.

Orkane mögen und des Blitzes Flamme
Vernichtung dräu'n der Eiche mark'gem Stamme,
Fest ruht die Wurzel in der Erde Schooß:
Still wirkt die ew'ge Kraft in dunklen Tiefen,
Die Keime schwellen, die gebunden schliefen,
Und neu erhebt der Baum sich riesengroß.

Wenn sich der Geist kann still dem Joche beugen,
Wenn er kann bluten und in Demuth schweigen,
Erglänzt er leidend noch in Herrlichkeit:
Frei bricht er durch des Daseins enge Schranken,
In fernen Welten schweben die Gedanken —
Dem Trauernden blüht die Unendlichkeit.

Recht und Gnade.

Mit mitleidlosem Herrscher = Rechte
Sei des Gesetzes Stab geführt;
Es büße streng und ganz der Schlechte
Die Zucht, die seiner Schuld gebührt:
„Laß unbeugsames Recht gescheh'n,
„Mag auch die Welt zu Grunde geh'n."

Doch wenn Du selbst nur bist betroffen,
Wenn peinvoll auch das Herz sich sträubt,
Sei freudig der Versöhnung offen,
Von Zorn nicht und von Haß betäubt:
Wenn vor Dir selbst Du willst besteh'n,
„Laß Gnade Du vor Recht ergeh'n."

Die vier Stufen.
(Nach Spinoza.)

Ein klarer Sinn soll ernst die Welt betrachten,
Des Lebens Räthsel denkend hell durchschau'n,
Der Dinge Schein als leeres Spiel verachten,
Dem innern Wesen nur behutsam trau'n:
Erkenne froh des Menschen Göttergröße,
Erkenne scheu des Menschen Erdenblöße.

Dann wird die Liebe mild vom Herzen fließen,
Aus unversiegbar frischem Wunderborn,
In tausend Halme wird die Güte schießen,
Denn sie entsproßt aus kräft'gem Saatenkorn:
Die heil'ge Ordnung wird sich groß entfalten,
In Frühlingsschönheit sich die Welt gestalten.

Nun reift der Keim zu köstlich schönen Früchten,
Zur Freude, die um Herz und Lippe spielt,
Zu Wonn' und Lust, die jeden Zwiespalt schlichten,
Und heit'rem Sinn, der keine Fessel fühlt:
Es lacht die Welt in ros'gem Sonnenglanze,
Die Tage winden sich zum duft'gen Kranze.

Bis endlich in jubelnden Harmonien
Gemüth und Gedanke verklärt erglühen,
Bis endlich der Sinn vorfühlend ahnt,
Daß des Daseins Schatten an Ewigkeit mahnt,
Und der Mensch zu der Gottheit Gränzen bringt,
Und der Welten Band ihn erhebend umschlingt.

Die beste Welt.

Schön ist des Bergstroms Silber=Helle,
Auf dem des Himmels Bläue ruht,
In dessen scherzend leichter Welle
Die Sonne kühlt der Scheibe Gluth:
Doch schöner pflegt das Auge strahlen,
In dem sich Adel, Unschuld malen.

Reich ist der Landschaft weite Fläche,
Wenn sie des Frühlings Hauch belebt,
Wenn über Wälder, Hügel, Bäche
Der Blick entzückt und schwelgend schwebt:
Doch reicher wogt es in den Zügen,
Die jubelnd, klagend nimmer trügen.

Gut ist die Erde, deren Tiefen
Den Heilquell leih'n, der Schätze Pracht,
Die Saaten nährt, die schweigend schliefen,
Bis prangend Feld und Wiese lacht:
Doch sich'rer ist des Herzens Güte,
Und köstlicher an Frucht und Blüthe.

Und mächtig ist des Weltbau's Fülle,
Der Sonne, Sterne, Monde Kranz,
Der ew'gen Allmacht lichte Hülle,
Der Harmonien Wundertanz:
Doch mächt'ger sind des Geistes Schwingen,
Die kühn des Weltbau's Plan durchdringen.

So blühe fort im Duft des Schönen,
Empfinde reich und jugendrein,
Mag Liebe jede That umkrönen,
Mag Kraft und Flug der Geist verleihn:
Und was der Kindheit Traum gewoben,
Wird Dir das Leben wahr erproben.

Die drei Erscheinungen.

In nie geschwächter Jugendstärke
Erglänzt und schaffet die Natur;
In ihr, des Urgeists hehrem Werke,
Ahnst Du der gnäd'gen Allmacht Spur.

Drum lausch' entzückt, wenn durch die Wälder
Der Nachtigallen Klage dringt,
Und wenn durch goldne Weizenfelder
Der Lerchen Jubellied erklingt.

Mit unerschöpflichen Gestalten
Erschließt die Kunst ihr Wunder-Thor,
Und in geheimnißvollem Walten
Umschlingt Dich ihr verklärter Chor.

Und wo sie weilet, weilt der Frieden,
Und wenn sie nahet, flieht der Schmerz,
Von jeder niedern Angst geschieden,
Entschwebt die Seele himmelwärts.

Doch spähst Du nach der Gottheit Siegel
In ihrer vollen Herrlichkeit: —
Des Edlen Antlitz ist ihr Spiegel,
Des Reinen Aug' ist ihr geweiht.

Es strahlt Erbarmen, Liebe, Hoffen
Selbst im Verzagen, im Gericht,
Der Zeiten Abgrund liegt ihm offen,
Es zeugt von Wahrheit und von Pflicht.

D'rum setze Dich der Schöpfung Prangen,
D'rum adle Dich der Schönheit Glanz:
Doch nur im menschlichen Verlangen
Begeistrungsvoll erwarme ganz.

Als schwerer Stoff mag jene schwinden,
In leerer Form mag diese flieh'n;
Dein Geist wird denkend beide binden,
Empor zu ihrer Würde zieh'n.

Und wenn Dir Herzen sich erschließen,
Und sie ergründen Dein Gemüth,
O daß sie rufend überfließen:
„Hier ist die Gottheit aufgeblüht!"

Das Beständige.

Lasset die Monde zieh'n,
Jahre nach Jahren flieh'n —
Bleibt doch die That:
Wer für die Freiheit ficht,
Blüthen des Wohlthuns flicht,
Ewigt die Saat.

Zehrt in der Horen Lauf
Schnell sich die Jugend auf,
Schweigend entrafft?
Sieh' in der Söhne Kranz
Und in der Töchter Glanz
Lebet die Kraft.

Ach! oft durch Kampf und Schmerz
Streben wir himmelwärts,
Lehrt das Geschick:
Aber in Streites Gluth
Zeugt sich der Tugend Muth,
Klärt sich der Blick.

Wenn wie ein luft'ger Tand,
Was Welt und Laune band,
Lang ist entfloh'n,
Schenkt sie, die nie vergeht,
Liebe, von Reiz umweht,
Köstlichsten Lohn.

Das höchste Gut.

Die Zeit:

Ich eile geflügelt wie Windessausen,
Ich schwell' und ich steige wie Meeresbrausen —
Wer nennet die Macht, die mich fesselt und hält?
Ich kann und ich will meine Kinder verzehren,
Will spurlos die eigene Schöpfung zerstören,
Bin Herrscher der Menschen, Gebieter der Welt.

Klugheit:

Wohl weiß ich's, und sorgsam will ich's beachten,
Will jegliche Stunde zu nützen trachten,
Es lebe die Freude, es lebe die Lust;
Was einst ich in fröhlichen Tagen genossen,
Bleibt ewig mein eigen, wie schnell sie verflossen,
Und hebt rückblickend die zagende Brust.

Tugend:

Nichts kann mir die mähende Sichel rauben,
Fest lebt und schaffet mein Herz im Glauben,
Daß siegend das Edle den Preis erringt;
D'rum sä' ich im Stillen bescheidene Saaten,
Das Gute fürwahr! wird reifen zu Thaten,
Wenn Alles der Zeiten Schlund verschlingt.

Weisheit:

Laß immer sie fliehen und rastlos eilen,
Ich kann ihren stürmenden Lauf verweilen,
Ich lenke sie sicher und fest zum Ziel;
Sie mag sich als mächtige Herrin gebärden,
Sie kann nicht zerstören, sie kann nicht gefährden, —
In meinen Händen ein machtlos Spiel.

Laßt Lügen-Cäsaren Nationen knechten,
Laßt Sklaven-Völker für Knechtschaft fechten,
Ja, ruchlos schnaube der Meuchelmord:
Es werden die Ketten der Völker sich lösen,
Die Freiheit siegt und verspottet die Bösen,
Die ewige Wahrheit ist richtender Hort.

Glück:

So will ich die Guten mit Freude beleben,
Die flüchtigen Stunden mit Scherz durchweben,
Und Frieden in ihre Herzen streun:
Und lächelnd soll sie die Hoffnung umglänzen,
Bis froh sie gedeihet zu Blüthen und Kränzen,
Und Alle mit ihrer Freude sich freun.

Die drei Zeitalter.

Einst kränzten mit rosiger Zauberhand
Die Musen der Griechen beglücktes Land,
Und lächelnd umtanzte der Nymphen Schaar
Der Venus myrtenumlaubten Altar,
Und jubelnd zu ewiger Freudenfeier
Ertönte des Phöbus goldene Leier.

Doch ach! als auf Erden die Fehde begann,
Auf Mord und Betrug der Verräther sann;
Als die Menschheit lechzte nach schimmerndem Gold,
Und der Sklave versank im Tyrannensold: —
Da flohen mit Gram und mit Kummer im Busen
Die Götter und Nymphen, die Grazien und Musen.

Und Eine nur blieb hier von Allen zurück,
Die rüstige Göttin mit finsterem Blick,
Gar drohend gerüstet mit Schild und mit Lanze,
Es funkelt der Helm in erschreckendem Glanze;
Und stürmt sie dahin mit blitzendem Speere,
Erzittern der Helden gewaltige Heere.

Doch wenn dann der lächelnde Frieden erscheint,
Und in Liebe die flammenden Seelen vereint,
Dann sinnet sie ernst nach der Wahrheit Spur,
Ergründet das Herz, durchforscht die Natur: —
Doch hier noch im ruhigen Geistesschaffen
Glänzt Pallas im schaurigen Schmucke der Waffen.

Jahrhunderte waren im Flug entschwunden,
Und einsam blieb sie auf Erden gebunden.
Wohl mehrt sich der Völker gewaltige Macht,
Die Geister ergründen des Wissens Schacht,
Doch kalt wie der Gletscher vom Mond erhellt,
Blieb freudlos die rauhe, verödete Welt.

„Ach!" rief sie, „so bin ich der einzige Wächter
„Der armen, der irrenden Menschengeschlechter.
„Wohl stürzt mein Schlachtruf Länder in Trümmer,
„Und steigend dämmert der Wahrheit Schimmer:
„Doch kann nur das S ch ö n e die Welt erlösen,
„Die Herzen bezwingen, und läutern die Bösen."

„In dunklen Gemächern verlassen, verborgen,
„Verblühen die Frauen, umnachtet von Sorgen;
„Der Männer gefühllos kaltes Geschlecht
„Gebietet dem Weib, wie der Meister dem Knecht.
„Sie sollen es endlich versteh'n und erkennen,
„Daß fallen die Schranken, die beide trennen."

Da führt sie die Frau in der Männer Mitte,
Umduftet von Reiz und von züchtiger Sitte;
Ergriffen von neuer, von süßer Gewalt,
Steht staunend der Mann vor der holden Gestalt,
Und huldigend kniet er in Ehrfurcht nieder,
Und erhebt sie durch Sang und der Minne Lieder.

Er gelobt ihr Ergebung mit zärtlichen Schwüren,
Und ritterlich ficht er für sie in Tournieren;
Er ladet sie demuthsvoll zum Tanze,
Und weiht ihr allein die gepriesene Lanze,
Ihr holdes Wort und ihr lächelnder Blick
Ist feuriger Sporn ihm und köstliches Glück.

Und in Welschlands Staaten, in Frankreichs Gauen
Beherrschen das Leben die Launen der Frauen,
Und selber Germaniens strengerer Sinn
Giebt schwelgend dem süßen Zauber sich hin:
Und die Gunst vertheilet des Ruhmes Kränze —
Um flüchtig zu welken wie Blumen im Lenze.

Das schauet die Göttin mit ernstem Gesicht,
Und faltet die Züge zu strengem Gericht:
„Wird nimmer das Wahre die Menschheit finden?
„Dem Irrthum nimmer sich glücklich entwinden?
„O Schmach der Verblendung! dem Wahn zu entflieh'n,
„Muß schlimmere Täuschung den Sinn umzieh'n?

„Nicht gab ich die Schönheit der ringenden Erde,
„Daß der Mann zum Sklaven des Weibes werde;
„Die Freiheit soll sie, den Adel ihm bringen,
„Nicht schmählich in stärkere Ketten ihn zwingen,
„Nicht Mann und nicht Weib ist zum Herrschen erkoren,
„Nicht Mann und nicht Weib ist zum Knechte geboren.

„Ihr könnt nur des Weibes Anmuth schätzen,
„Nur die Reize der Huld, die das Auge ergötzen?
„Es wirket ein Geist in der zarten Gestalt,
„Der zur Wahrheit dringt mit Sieges=Gewalt,
„Der ahnend in muthigem Fluge durchschaut
„Was mühsam forschend der Mann erbaut.

„Und wollt ihr das sanft empfindende Herz
„Leichtfertig entweihen durch tändelnden Scherz?
„Denn stärker als Erz und als ew'ger Granit
„Ist des Weibes Liebe, die heilig erglüht:
„Treu bleibt sie und fest, wenn auch Alles schwanke,
„Und dauert noch über des Lebens Schranke."

Und wieder schwinden Jahrhunderte hin,
Die Welt wogt wechselnd in Kampf und Gewinn,
Und endlich enthüllet der Menschheit Hort
Der weisen Göttin bedeutsames Wort:
Die Frau wird des Mannes Gefährtin genannt,
Und sie wandeln zur Tugend Hand in Hand.

Nicht stolz mag die Frau man die schwache heißen,
Nicht spielend sie nur als die schöne preisen;
Ihr dienet die Schwäche zum Schutz und zum Schild,
In der Schönheit ehrt man des Geistes Bild:
O, wie unter dem stillen, dem sinnigen Walten
Sich fröhlich der Menschlichkeit Blüthen entfalten!

Und es lächelt die Göttin vom Himmelsthrone,
Und spricht in feierlich freudigem Tone:
„Die Welt kann nimmer in Nacht versinken,
„Da die Frauen erhellend, erwärmend winken;
„Zu Segen und Heil ist das Weib beglückt,
„Das Tugend und liebende Güte schmückt."

Der Trost.

In stilles Schmerzgefühl versunken,
Saß Agnes sinnend und allein;
Bald glüht' ihr Blick wie Blitzesfunken,
Bald bleicht' er wie des Mondes Schein:
Ein Kampf schien stark sie zu bewegen,
Und Sinn und Busen aufzuregen.

Jetzt strahlt Diana's reichstes Leben
Um ihre blühende Gestalt;
Jetzt scheint sie Pallas zu umschweben,
Mit stiller Würde, ernst und kalt:
Doch Pallas und Diana weichen,
Denn beiden kann sie nimmer gleichen.

Nicht mag mit Pfeilen und mit Speeren
Dem Wild sie bringen Mord und Tod;
Als Männin nicht bei blut'gen Heeren
Den Städten schaffen Qual und Noth:
Die Herzen zwingt sie und die Seelen
Mit Waffen traun! die nimmer fehlen.

Sie gleicht der Knospe, jüngst erschlossen,
Auf sonnig grüner Frühlingsau,
Noch funkelnd, perlenklar umflossen
Vom allerreinsten Morgenthau,
Wenn in Aurora's goldnen Strahlen
Die Blättchen frisch und hold sich malen.

Das Leben wogt in ihren Zügen —
Es ist ihr mütterliches Theil —
Die sich wie Feen-Aeuglein wiegen,
Sie athmen Liebesgruß und Heil:
So strahlt mit wechselvollem Glanze
Das Sonnenbild im Wellentanze.

Doch jetzt umwölkt des Unmuths Zähre
Des schönen Auges sanften Blick,
Und wie sie auch der Wallung wehre,
Sie drängt die Thräne nicht zurück:
„Mich faßt", ruft sie, „ein banges Zagen,
„Den Himmeln möcht' ich's flehend klagen."

„Dahin ist meiner Kindheit Frieden,
„Der Tage ruhig gleiches Glück,
„Vom gold'nen Eden ach! geschieden,
„Blieb mir das Sehnen nur zurück;
„Die Zeit der schönsten, reinsten Wonnen,
„Sie ist auf immerdar zerronnen!

„Denn jetzt, ich weiß nicht, wie ich's deute,
„Ich schwanke jäh' von Lust zu Pein;
„Wogt mir die Brust in Jubel heute,
„Mag schmerzumhüllt sie morgen sein:
„Bald seh' ich alle Himmel strahlen,
„Bald nagen mich der Wehmuth Qualen.

„So treibt auf ungewissen Wellen
„Das Schiff im Herbstessturm umher —
„Dort mag der Himmel sich erhellen,
„Hier braust der Strudel und das Meer;
„So borgt's ein zagend kärglich Leben
„In Furchtgefühl und Hoffnungsschweben.

„Und mich verfolgen aller Orten
„Die Schmeichlerschaaren ohne Rast,
„Verachtung biet' ich ihren Worten,
„Der hohle Troß ist mir verhaßt;
„Denn mich ergreift, wenn ich sie höre,
„Des Herzens namenlose Leere.

„Kaum kann ich Pein und Zorn besiegen,
„Wenn sie das Höchste schnöd' entweih'n;
„Wenn sie mit glatten Lippen lügen,
„Der Frechheit heil'ge Namen leih'n: —
„O Zeit der schönsten, reinsten Wonnen,
„Ist sie auf immerdar zerronen?"

Sie sprach's und horch! ihr schien zu klingen
Ein nie gehörter leiser Laut —
So mögen Seraphschöre singen,
Dem Menschen fremd und doch so traut:
Und sie vernahm in ernster Ahnung
Der Geisterstimme heil'ge Mahnung:

„Der Jugendglanz wird wiederkehren,
„Wenn Du der Reinheit Pfad bewahrst;
„Ein neues Licht wird Dich verklären,
„Wenn Du mit Unschuld Würde paarst:
„Dem schönen Eden gleicht die Welt,
„Wenn sie der Liebe Strahl erhellt".

Geheime Wirkung.

(Für ein Stammbuch.)

Du hast den Muth, Dir Freunde zu erwählen,
Dem Urgott Eros dieses Buch zu weih'n;
An Namen wird es sicher Dir nicht fehlen,
Die Dir Gelübde, die Dir Schwüre leih'n:
Doch ach! wo ist der Freundschaft Strahl zu finden?
Denn nur, wo Tugend wohnt, pflegt er zu zünden.

Doch wie die Schatten, die die Nacht bedecken,
Beim Wonneglanz Aurora's scheu entflieh'n,
So pflegt die Tugend Tugend zu erwecken,
Wo trüb und kalt das Herz verschlossen schien:
Sei Du nur werth, der Freundschaft Schatz zu heben,
Und unverbrüchlich wird der Freund Dir leben.

Mendelssohn.

(Nach einer Aufführung des „Elias".)

Du schwebst, von mächt'gem Riesenflug gehoben
Zu jenen Höhen, wo der Weltrausch schweigt;
Du schwingst verklärt Dich zu den Räumen droben,
Wo sich des Glaubens reinstes Urbild zeigt:
O Wunder, daß im stürm'schen Drang der Seele
Dem Liede nimmer Licht und Klarheit fehle!

Du wagst's, titanengleich den Geist zu tragen
Zum Gottesthron und zu der Engel Chor;
Wie anfangs auch die schwachen Sinne zagen,
Dein starker Fittig führt uns kühn empor:
Den Sinn erfaßt ein allgewaltig Ahnen,
Und weilt vertieft auf nie betret'nen Bahnen.

Und alle Räthsel, die das Herz umfangen,
Und mit des Zweifels Schleier es umzieh'n,
Nach deren Lösung alle Geister rangen,
Doch stets, den Tantalsfrüchten gleich, entflieh'n,
Sie alle weckt die Urkraft Deiner Töne,
Und blitzgleich zeigt die Wahrheit die Kamöne.

III.

Alttestamentliche

und andere

Hebräische Uebersetzungen.

Jakob's letzte Anrede an seine Söhne.

(Genes. XLIX.)

(Da Jakob fühlte, daß die Kraft ihm brach,)
Rief er die Söhne vor sich hin und sprach:
Versammelt Euch, und laßt mich mahnend sagen,
Was Euch wird treffen in der Zukunft Tagen:

Kommt näher, Jakobs Söhne, höret meine Lieben,
Was ich verkünde, hört, von Gottes Geist getrieben.

Mein Erstling Ruben Du, Du meine beste Kraft,
Dir ziemt das schönste Theil, Dir ziemt die höchste Würde;
Doch, wild wie Wassers Sprudeln, hast Du lasterhaft
Und frevelnd eingebüßt Dein Recht und Deine Zierde:
So ist Dein Vorzug Dir auf immerdar entwendet,
Weil Du des Vaters Lager ruchlos frech geschändet.

Ach! Simeon und Levi, Brüder der Gewalt —
Zum Mord sind ihre Schwerter blutig wild gehoben,
D'rum nahet ihrem Kreis nie Meine Glanzgestalt,
Nie neigt sich ihrer Zahl Mein Geist vom Himmel droben.

Sie haben wilden Zorns der Menschen viel erschlagen,
Und ränkevollen Sinns der Stiere Fuß gelähmt;
D'rum sei ihr Zorn verflucht, der Unheil schafft und Plagen,
Und ihre Wuth, die roh zerstört und ungezähmt:
Ich will durch Israel zur Trübsal sie zerstreu'n,
Und durch ein eig'nes Erbtheil nimmer sie erfreu'n.

Dir werden, Juda, preisend sich die Brüder neigen,
Du wirst mit starker Hand der Feinde Nacken beugen;
An unerschrock'nem Muth bist Du ein junger Leu,
Und von der Beute kommst Du sonder Furcht und Scheu.
Er wird, der Löwin gleich, sich ruhig niederspreizen,
Verzehrt in Lust den Raub, und wer wagt's, ihn zu reizen?
Nie weicht der Herrscherstab von Juda's Königs=Söhnen,
Bis jener Fürst wird thronen, dem die Völker fröhnen.
Er wird am Weinstocksstamm das starke Maulthier binden,
Und an dem Rebenast wird man das Füllen finden.
Er wäscht sich sein Gewand in Weines dunkler Fluth,
Und taucht sein prächtig Kleid in feur'ges Rebenblut,
Die Augen werden ihm vom Purpurweine glühen,
Und von der Heerden Milch die Zähne schneeig blühen.

Sebulon ruhet süß an sandigen Gestaden,
Bis wo sich Sidon's Flotten in den Wellen baden.

Dem mark'gen Esel gleich, der ruht in schöner Hürde,
Neigt Issachar den Nacken gern zu schwerer Bürde,
Er sieht, wie süß der Frieden, und wie schön die Rast,
Und senkt die Schulter froh zu mühevoller Last.

Auch Dan wird einst sein Volk mit Stärke glorreich richten,
Wird gleich den andern Stämmen seinen Hader schlichten:
Er ist die Schlang' am Pfad, die Natter im Gehege —
Sie beißt des Rosses Fuß — der Reiter stürzt am Wege.

       Laß Herr! Dein Heil mich schau'n;
       Auf Dich will ich vertrau'n!

Gad — ihn wird Schaar auf Schaar in wildem Drängen
                                        jagen,
Doch er wird siegreich sie aus seinen Gränzen schlagen.

An Korn ist Ascher reich, weithin wird er's versenden,
Er wird der Königs-Tafel Leckerbissen spenden.

Naphtali ist an Reiz dem schlanken Reh vergleichbar,
Er glänzt in schöner Rede herrlich, unerreichbar.

Dem Baum ist Joseph gleich, dem quellbenetzten, schlanken,
Dem Fruchtbaum, dessen Zweige über Mauern ranken.
Er wird vom Schützentroß gereizt, gejagt, geschossen,
Doch bleibt sein Bogen fest, die Thatkraft unverdrossen.
Von Jakob's starkem Gott, vom Fels und Horte droben,
Von Deiner Väter Gott, der Dich zum Fürst erhoben,
Kommt Dir in vollstem Maaß des Himmels mächt'ger Segen,
Strömt aus den Wolken Dir befruchtend Thau und Regen.
Dir wird der Fluren Ernte reichen Schatz gewähren,
Der Heerden Fülle wird unfehlbar Dich ernähren,

Mein Vatersegen soll den Segen überflügeln,
Der schaffend wirkt auf ew'gen, köstlich frischen Hügeln;
Er wird auf Deinem Haupt, o Joseph, lieblich glänzen,
Und Deine hehre Stirn als Fürst der Brüder kränzen.

Mein Jüngster, Benjamin, er gleicht dem Wolf im Streite,
Des Morgens schlingt er Raub, des Abends zehrt er Beute.

Gesang der Israeliten am rothen Meer.
(Exod. XV. 1—18.)

Ich singe dem Herrn, Er ist mächtig und hehr,
Das Roß und den Reiter warf Er in's Meer.

Mein Sang und ew'ger Preis ist Jah,
Denn Er war mir mit Rettung nah;
Als mein Gott hat Er sich erprobt,
Er sei in prächt'gem Lied gelobt;
Er war der Väter starker Hort,
Gepriesen sei Er fort und fort.
Ein Krieger ist Gott und gewaltig im Streit,
Sein Namen ist Hoheit, Unendlichkeit.

Chor des Volkes.
Lobsinget dem Herrn, Er ist mächtig und hehr,
Das Roß und den Reiter warf Er in's Meer. —

Des Pharaoh starkes Wagenheer
Und seine Macht warf Er in's Meer,
In's Meer versank, das schilfumgrünte,
Der beste Troß, der wohlumschiente,

Des wilden Strudels Wasserschlund
Riß nieder sie zum tiefsten Grund,
Und wie im Strom ein Stein sich senkt,
So ward die Kriegesmacht ertränkt.

Deine Rechte, mein Gott, unerreichbar in Pracht,
Deine Rechte, mein Gott, stürzt Feindesmacht.

Chor.
Lobsinget dem Herrn, Er ist mächtig und hehr,
Das Roß und den Reiter warf Er in's Meer. —

In Deiner Hoheit Majestät
Zermalmst Du, wer in Stolz sich bläht;
Sie schwanden vor des Zornes Wuth,
Wie Stoppeln vor des Feuers Gluth.

Du sandtest Deines Sturmes Lauf,
Es thürmten sich die Wasser auf;
Gleich hartem Stein und festem Wall
Stand dicht des Meeres Wogenschwall;
Wie Milch im Lauf der Stunden rinnt,
So härtete das Meer der Wind.

Chor.
Lobsinget dem Herrn, Er ist mächtig und hehr,
Das Roß und den Reiter warf Er in's Meer. —

    Sprach der Feind
    Wild und meint':
    „Ich will jagen,
    „Flugs sie schlagen,

„Beute haben,

„Mich zu laben,

„Schwerdter zücken,

„Sie erdrücken —".

Du wehtest Deinen Sturm herab,
Das Meer verschlang sie wie das Grab;
Wie Blei im mächt'gen Strom sich senkt,
So ward die wilde Schaar ertränkt.

Wer gleicht von den Göttern, o Herr, Deiner Macht,
Wer gleicht wohl Dir, der so Großes vollbracht!

Du Furchtbarer in Lob und Preis,
Der Wunder schafft, mein Sinnen weiß,
Du neigtest Deine Rechte nur,
Die Erde fraß sie ohne Spur.

Chor.

Lobsinget dem Herrn, Er ist mächtig und hehr,
Das Roß und den Reiter warf Er in's Meer. —

Du wirst in Gnaden alle Zeiten
Das Volk, das Du erwählet, leiten,
Und an der Liebe Gängelbande
Es führen zu dem heil'gen Lande.

Die Völker hören's und verzagen,
Pilescheth wird in Jammer klagen;
Da starren Edom's stolze Fürsten,
Die blutig nach Vernichtung dürsten.

Auch die in Moabs Triften wohnen,
Wird Graus und Schrecken nicht verschonen;
So weit Kenaan's Gränzen reichen,
Wird wildbestürzt der Feind erbleichen.

Er wird in grauser Angst und Pein
Durch Dich verstummen gleich dem Stein,
Bis Dein Volk, o Herr, ist hindurchgezogen,
Bis das Volk, das Du wähltest, ist durchgezogen.

Chor.

Lobsinget dem Herrn, Er ist mächtig und hehr,
Das Roß und den Reiter warf Er in's Meer. —

Ich weiß, Du wirst auf mächt'gen Götterschwingen
O Herr! ich weiß, Du wirst in Huld sie bringen
Zum Berg, auf dem Du immerdar wirst wohnen,
Wo Du in Glanz verheißen hast zu thronen,
Zum Tempel, den ich dürste noch zu schauen,
Den Deine Hände gnädig werden bauen.

Bis in Ewigkeit
Wird in Herrlichkeit
Gott thronen in Pracht
Und in Herrscher = Macht.

Chor.

Lobsinget dem Herrn, Er ist mächtig und hehr,
Das Roß und den Reiter warf Er in's Meer.

10

Moses' Abschiedsworte.

(Deuter. XXXII. 1—43.)

O laß mich reden, Himmel, höre,
Und lausch', o Erde, meinem Klang,
Gleich Regen träufle meine Lehre,
Gleich frischem Schauer mein Gesang;
Er labe, wie der Morgenthau
Erfrischt die Saat auf müder Au.

Denn, Gott, Dich ruf' ich mit preisendem Wort —
Gebt Hoheit und Ehre dem mächtigen Hort.

Der Fels, den Treu' und Wahrheit herrlich schmücket,
Denn Seine Wege sind Gerechtigkeit,
Der hehre Gott, der Unrecht nimmer schicket,
Denn Er ist gut und gnädig allezeit —
Ihn hat Sein Volk nicht, nein! ihr Trotz verschmähet,
Das Truggeschlecht, das schnöd' und frech sich blähet.

Ist dies der Dank für Ihn, den Höchsten droben,
Du thöricht Volk, das keine Weisheit kennt?
Ist Euer Schutz nicht Er, der Euch erhoben,
Nicht Er der Schöpfer, den Ihr Vater nennt?
O suchet sinnend in der Vorzeit Tagen,
Und Eure Greise mögt Ihr forschend fragen!

Als allen Völkern Gott ihr Land gegeben,
Sie weit zerstreuend und mit weiser Wahl,
Da hieß er uns in Seinem Lande leben,
Die Gränzen ordnend nach der Stämme Zahl:
Denn als Sein Erbtheil hat Er uns erkoren,
Und Seine Huld uns gnädig zugeschworen.

Er fand in Oeden, wo der Schakal wüthet,
Er fand das Volk in wüstem Steppenland;
Wie man des Auges zarte Kreise hütet,
So führte schirmend Er's am Liebesband:
So pflegt der Aar auf seinem Nest zu schweben,
Auf Flügeln kühn die Brut emporzuheben.

Nur Er, kein andrer Gott war nun sein Leiter —
Er speist' es reichlich mit der Felder Frucht;
Trug's über Erdenhöhen als sein Streiter,
Und nährt's mit Honig aus des Felsens Schlucht:
(Er schickte Mannas Fülle von den Lüften)
Und duft'gen Oelstrom aus des Kiesels Klüften.

Der Schaafe Milch, der Kühe reicher Rahmen,
Das Fett von Lämmern, Widdern, mächtig stark,
Und Böcke gar aus Basan's Zucht und Saamen,
Mit sammt des besten Weizens schwerem Mark:
Dies Alles ward zur Speise Dir gegeben
Und Wein trankst Du, das feur'ge Blut der Reben.

Da ward Jeschurun feist, vergaß der Tugend —
Ja feist wardst Du und fett und übersatt,
Da höhntest Du den Führer Deiner Jugend,
Verriethst den Fels, der Dich gerettet hat:
Sie reizten Ihn mit fremden Unheilsgötzen,
Mit Gräuelbildern frech Ihn zu verletzen.

Ich sah sie Opfer Lügengeistern schlachten,
Die sie nicht kennen, noch ihr eitel Fleh'n,
Ja, neuen Götzen, die sie nahher brachten,
Die man bei ihren Ahnen nie geseh'n.
Weh, weh! Ihr habt den Rettungsfels vergessen,
Den Stammgott zu verrathen Euch vermessen.

Der Herr gewahrt's — sieh' wie Er sie verschmähet!
Verhaßt ist Ihm des Volkes ganze Schaar;
Denn ein Geschlecht ist's, das das Recht verdrehet,
In dem kein Glaube, keine Treue war:
So will Ich, spricht Er, mich von ihnen wenden,
Laßt seh'n, wie's nun mit ihnen sich wird enden.

Sie wollten Mich durch einen Nichtgott kränken,
Sie schürten Meinen Zorn durch Göttertand,
So will ich sie mit einem Nichtvolk kränken,
Und reizen ihren Zorn durch Völkertand.
Mein Grimm wird brennend Land und Frucht verzehren,
Mein Zorn wird grausend Berg und Thal verheeren.

Und Noth auf Noth soll schaudernd sie befallen,
Ich treffe sie mit Meinen Pfeilen allen;
Der Hunger wird sie jammervoll verschlingen,
Und Sonnenbrand mit ihrem Leben ringen;
Und gift'ge Seuche soll sie furchtbar schrecken,
Und der Verzweiflung Aengste wuthvoll wecken.

Zuletzt soll sie des Wildes Hauer schlagen,
Und Schlangengift vom Staube züngelnd plagen;
Von außen wird das Kriegsschwert sie verzehren,
Von innen soll sie Pein und Furcht zerstören;
Ich will den Jüngling und die Dirne schlagen,
In gleichem Tod soll Greis und Säugling klagen.

So wollt' ich ganz und schrecklich sie zerstreuen,
Und ihren Namen tilgen von der Welt,
Doch mußt' ich nur den Hohn der Feinde scheuen,
Daß eitler Stolz nicht ihren Busen schwellt —
Sich blähend: unsre Macht hat sie vernichtet,
Vergessend, Ich hab' ihren Trotz gerichtet.

Denn rathlos sind sie traun! im Geist bethöret —
Es schaut der Weise nach dem fernen Ziel —
Hat man von Myriaden wohl gehöret,
Für zwei und drei Verfolger leichtes Spiel?
Wer zweifelt noch, daß sie ihr Fels verlassen,
Daß ihres Glückes Sterne weh! erblassen?

Denn nicht gleicht ihrem Hüter unser Hüter,
Laßt unsre Feinde selber Richter sein;
Gleich Sodoms Reben und wie Wermuth bitter
Und gleich Gomorra's Triften ist ihr Wein.
Der Schlangen Gifte gleichen ihre Trauben,
Der Nattern Galle, die nach Beute schnauben.

So ist's bewahrt in Meines Schicksals Schätzen,
So ist's versiegelt in der Zukunft Schooß;
Ja, ja, Ich selbst will Mich an ihnen letzen,
Und schrecklich bricht des Unglücks Donner los.
Und bald wird sich ihr Strafgeschick erfüllen,
Der Zukunft Loos sich schaudernd schnell enthüllen.

Denn Seinem Volke wird Gott Recht verschaffen,
Und Seinen Dienern hold und gnädig sein,
Schaut Er das ganze Unglück ihrer Waffen,
Daß Herr und Knecht in gleichem Jammer schrei'n.
Dann wird Er rufen: Wo sind ihre Götter?
Der Hort, dem sie vertraut als Unheils=Retter?

Sie nährten traun! sich von der Opfer Fette,
Sie tranken Eurer Spenden Purpurwein,
Ob einer ha! nun aufsteh', Euch errette?
Laßt ihn Euch helfen und von Noth befrei'n!
Ihr harrt am Unglückstag auf sie vergebens,
Denn Ich bin Herr des Todes und des Lebens.

So ist's Euch klar, daß Ich allein bin König,
Daß nichts sich Meiner Herrlichkeit vergleicht;
Denn Tod und Leben sind Mir unterthänig,
Giebt's eine Macht, die Meiner Kraft entweicht?
Zu Meinem Himmel streck' ich Meine Hände,
Und rufe kühn: Mein Reich ist ohne Ende!

Ich will die Blitze Meines Schwertes schärfen,
Und Meine Hand ausstrecken zum Gericht,
Ich will die Feinde strafend niederwerfen,
Und schrecken der Verräther Gift-Gezücht,
Mein Pfeil sinkt trunken in der Todten Blut,
Mein Schwert frißt würgend ihrer Fürsten Brut.

So lasset, ihr Stämme, den Jubel erschallen,
Er rächt Seine Diener mit mächtiger Hand,
Und Strafe wird blutig die Feinde befallen,
Er sühnt Seines Volkes geheiligtes Land.

Das Lied der Deborah.

(Richter V. 1—31.)

Und es sang Deborah und Barak, Abinoams
Sohn, an jenem Tage also:

Daß uns Führer geführt, daß willig das Volk uns gehorchte,
  D'rum lobsinget dem Herrn, Sieger, mit segnendem Preis.
Höret, ihr Könige, hört, und vernehmt es, ihr Fürsten der Erde!
  Denn einen Jubelgesang stimm' ich dem Ewigen an;
Ja, und dem ewigen Hort, der Israel gnädig beschützet,
  Soll tiefwogenden Dank zollen mein sprudelndes Lied.

Herr, als von Seïr Du schrittest, von Edoms Gefilden Du
                                    zogest,
  Wankte die Erde verzagt, wankte das Himmelsgewölb.
Reichliche Ströme des Regens entstürzten dem zuckenden Aether,
  Und aus den Wolken entquoll gießend die tosende Fluth.
Bebend zitterten Berge vor Israels Gotte, dem Retter,
  Aber des Sinai's Höh'n schwankten von Flammen umhüllt.

Feinde durchschweiften das Land in den Tagen von Samgar
                                    und Jael,
  Wanderer schlichen verzagt heimlich gewundenen Pfad.
Muthige Führer sie fehlten, sie fehlten in Israels Stämmen,
  Bis sich Deborah erhob, ich, eine Mutter im Volk.

Götter erwählt man im Thor, nichtsnützende Götter und
    fremde,
Dort war Haber und Streit, nichtiges Wörtergefecht!
Sah man, o Schmach! wohl ein Schild, und ward eine
    Lanze gefunden,
Unter dem streitbaren Heer, bei Myriaden im Volk?

Feurig erglüht mein Busen für Israels muthige Feldherrn,
 Ihr auch, die willig gedient, segnet in Jubel den Herrn;
Die ihr auf Mäulern nun reitet, auf schimmernden Teppi=
    chen sitzet,
Ziehend auf offenem Pfad, singet des Ewigen Ruhm!
Wo sie am Brunnen nun glücklich die glänzende Beute ver=
    theilen,
Preisen sie Gott im Gesang, preisen den Führer im Lied.
Jubelnd drängt sich die Menge bekränzt zu den lärmenden
    Thoren,
(Segnungen wechselnd und Gruß nach überstand'ner Gefahr).
Munter, o munter, Deborah, o munter, und preise durch
    Lieder!
Auf! Abinoams Sohn, führe Gefangene fort!

Muthvoll sprach ich: Wohlan! mit dem Restlein gegen die
    Starken!
Und mit der winzigen Schaar gegen das Heldengeschlecht!
Flugs kam Ephraims Heer, das Amaleks Gebiete bewohnet,
Unter den Stämmen sodann stellte sich Benjamin ein.
Machir auch sandte sein Häuflein, in Satzung und Lehre
    bewandert,
Dann auch Sebulon, in Kunst wie in der Weisheit bewährt.

Aber ich selber, Deborah, ich nahte mit Issachars Fürsten,
  Issachar, Baraks Schutz, stürmet ihm folgend in's Feld.
Aber an Rubens Gewässern da wogten Entschlüsse des
                                                Herzens —
  Warum doch weilst Du im Thal, lauschend dem Heerden=
                                                geblök?
Wahrlich an Rubens Gewässern, da wogten Entschlüsse
                                                des Geistes,
  (Aber zur muthigen That regte die Menge sich nicht).
Gilead drüben am Jordan verweilt' in den Triften behaglich,
  Und auf den Schiffen der Fluth lagerte Dan sich daheim.
Aschers Geschwader verblieb an des Meeres Gestade gemächlich,
  Und an der Buchten Geklipp ruhten sie fern dem Gefecht.
Aber in Kühnheit trotzte Sebulon den Todesgefahren,
  Und auf des Schlachtfelds Höh'n zeigte sich Naphtali's Muth.

Denn es vereinten zum Kampf sich des Feindes fürstliche
                                                Krieger,
  Und zum wüthenden Streit stellten sich Kanaans Herrn,
Wo des Megiddo Gewässer bei Taanach lieblich sich schlängeln —
  Aber nicht goldenen Raub trugen sie siegend davon.
Selber die Schaaren des Himmels sie fochten mit Sissera
                                                feindlich,
  Und aus dem Sternengezelt stürzte Geschoß auf Geschoß.
Kison, Du Bach der Gefechte, Du spültest sie fort in den
                                                Fluthen;
  Tritt, mein Geist, o tritt, kühn auf die Helden des Kriegs.
Damals stampften die Rosse beim Traben, beim Traben der
                                                Starken
  (Und in Verwirrung und Angst floh der vernichtete Feind).

Fluch auf Meros! Fluch! so rufen die Engel des Höchsten;
   Denn es entzog sich dem Kampf, fehlte beim Kriege des Herrn.
Aber gesegnet vor Allen sei Hebers Weib, des Keniten,
   Jael, vor allen Frau'n sei sie gesegnet im Zelt!
Sissera forderte Wasser, da reichte sie Milch ihm behende,
   Und im prächt'gen Gefäß setzte sie Rahmen ihm vor.
Rüstig ergreift sie den Pflock und das Beil werkthätiger
                     Männer,
   Und sie zerschmettert sein Haupt drängend mit krachendem
                     Schlag.
Und sie zerschellt ihm die Glieder, zermalmt des Wüthrichs
                     Gebeine,
   Und die Schläfe durchbohrt spritzet vom blutigen Strahl.
Ihr zu den Füßen hin wankt er und sinkt er, und liegt,
                     vor die Füße
   Sinkt er und liegt — wo er wankt, sinkt er gemordet hinab.

Aber zum Fenster hinaus blickt voll trübseliger Ahnung
   Sissera's Mutter und seufzt, sie, die zum Leid ihn gebar.
„O wie zögert doch heute sein Wagen so lange zur Heimkehr?
   O wie weilet so lang, sagt! seiner Rosse Gespann?"
Klügliche Rede erwidert das fürstliche Dienergefolge,
   Und auch sie selbst wohl spricht tröstende Worte sich ein:
„Sicher vertheilen sie Beute, die reichlich und kühn sie ge=
                     plündert —
   „Ein Weib oder auch zwei jeglichem tapferen Mann,
   „Bunte gewirkte Gewänder für Sissera, glänzender Schönheit,
   „Einen Teppich, auch zwei für das erbeutete Roß."

Mögen die Frevler, o Herr, gleich Jenem in Schande versinken,
   Aber wie Sonnen=Glanz strahle der Frommen Geschlecht!

Klagelied Davids oder „das Lied vom Bogen".

(2 Sam. I. 19—27.)

Israel, ach! auf den Höh'n ist die munt're Gazelle gemordet,
O wie das Heldenpaar schmählich gefallen doch ist!
Meldet es, still! nicht in Gath, o sagt's nicht in Askalons
Gassen,
Daß nicht die heidnische Schaar jubelnd und höhnend
frohlockt!
Berge Gilboa's! mag nimmer euch Thau noch Regen er=
quicken,
Und kein Erstlingskorn soll auf den Feldern gedeihn!
Denn meiner Mächtigen Schild ward dort im Staube be=
sudelt,
Ja, meines Königs Schild, nie mehr gesalbet mit Oel.
Kraftvoll drang Sauls Schwert durch die Nieren des trotzigen
Feindes,
Jonathans sicherer Pfeil schwang sich geflügelt zum Ziel.
Saul und mein Jonathan Du, hold war't Ihr und theuer
im Leben;
Auch in des Todes Geschick seid Ihr für immer vereint.
Schneller als Adler im Flug, so trabten sie hin auf der Eb'ne,
Stärker als markige Leu'n trotzten sie kämpfend dem Feind.

Wehklagt, Israels Töchter, um Saul, der mit Purpur euch
zierte,
Und eu'r glänzend Gewand schmückte mit goldener Pracht.
O! wie das Heldenpaar im Krieg' ist schmählich gefallen.
Ach! mein Jonathan liegt todt auf den Hügeln gestreckt.
Weh' ist um Dich mir, mein Bruder, mein Jonathan, Wonne
des Herzens,
Da Dein Lieben mir galt süßer als Liebe der Frau'n.
O! wie das Heldenpaar im Krieg' ist schmählich gefallen,
Nun ist der Wall und der Thurm Israels Streitern
zerstört.

Psalm 90.

Und Moses betete, der Gottesknecht:
O Herr, mein Hort, vom frühsten Urgeschlecht,
Bevor die Hügel aus dem Nichts entstanden,
Und aus dem Staub sich Erd' und Welten wanden,
Von Ewigkeit zu aller Ewigkeit,
Bist Du, mein Gott, für immer benedeit.

Du wirfst in Schmach und Noth den schwachen Sünder,
Und mahnest streng: Thut Buße, Menschenkinder!
Ja, gleich dem flücht'gen Gestern, wenn's entschwunden ist,
Dir ist dem Nachttheil gleich die tausendjähr'ge Frist.

Du raffst sie fort, sie ruh'n im ew'gen Staube,
Gleich Gras am Morgen, ach! dem Nichts zum Raube —
Ja, ja, am Morgen sproßt es und verblüht,
Am Abend welkt es — und der Duft entflieht.

Denn Dein gerechter Grimm wird uns zerstören,
Und o! Dein heil'ger Zorn wird uns verzehren:
Du bringst die Sünden vor Dein Angesicht,
Geheime Schuld vor Deines Geistes Licht.
So muß das Dasein uns in Pein vergeh'n,
Und wie ein Hauch durch Deinen Zorn verweh'n.

Die Lebenstage fliehn nach siebzig Jahren,
Nach achtzig, wenn sie überkräftig waren;
Und ach! ihr ganzer Stolz sind Qual und Mühen,
Schnell sind wir fortgerafft — und wir entfliehen.

Wer kann das Brausen Deines Zornes ahnen!
An Deinen Grimm soll Deine Macht uns mahnen.

O lehre recht uns, unsre Tage zählen,
Daß weisen Herzens wir das Gute wählen!

Laß ab, mein Gott, wie lange willst Du rechten?
O schenk' Erbarmen Deinen reu'gen Knechten!

Am Morgen sätt'ge uns mit Deiner Gnade,
Nie fehle Jubel unsrem Lebenspfade!

Erfreu' uns nun nach uns'res Unglücks Tagen,
Den Jahren gleich, da wir nur Noth ertragen.

Laß Deine Diener Deine Kraft erblicken,
Mag ihre Söhne Deine Pracht beglücken!

O, daß der Herr uns Seine Huld zuwende!
Begründe fest das Schaffen unsrer Hände,
Ja, gründe fest das Schaffen unsrer Hände!

Pfalm 91.

Wer sich auf Gottes Obhut stützet,
Wer in der Allmacht Schatten ruht,
Ruft: Fels bist Du, der schirmt und schützet,
Du bist mein Trost, schenkst Kraft und Muth.

Er rettet Dich von Netz und Schlingen,
Du sprichst der Pest, dem Mordstahl Trutz;
Er decket Dich mit Seinen Schwingen,
Dir·beut Sein Fittig Heil und Schutz.

Ja, Panzer ist und Schild Sein Glaube,
Du zagst nicht vor Gefahr und Noth,
Wie Pfeil und Dolch am Tag' auch schnaube,
Wenn in der Nacht auch Seuche droht.

Ob Schaaren Dir zur Seite zagen,
Und Tausende vergeh'n in Grau'n,
An Dich wird sich der Tod nicht wagen,
Du wirst der Frevler Büßung schau'n.

Du sprichst zum Herrn: „Du bist mein Retter!
O Du, mein Anker, Hort der Welt!"
Drum fällt auf Dich nicht Noth und Wetter,
Und Unheil naht nicht Deinem Zelt.

Denn Seinen Engeln wird Er's sagen,
Dir aller Orten Schutz zu leih'n,
Auf ihren Händen Dich zu tragen,
Den Fuß vom Falle zu befrei'n.

Du trittst auf Nattern und auf Wölfe,
Zermalmst die Schlange wie den Leu'n, —
„Er lechzt nach Mir, daß Ich ihm helfe;
Er liebt Mich, Ich will ihn erfreu'n.

Er ruft in Noth, Ich will ihn hören,
Auf Heil und Gnade mag er bau'n;
Ich will ihm Jahre reich gewähren,
Und Meine Rettung soll er schau'n."

Psalm 127.

Baut nicht das Haus des Herren Segen,
Umsonst wird sich der Meister regen;
Wird nicht vom Herrn die Stadt bewacht,
Umsonst wacht man bei Tag und Nacht.

Umsonst ist's, daß ihr früh aufsteht,
In später Nacht zur Ruhe geht,
Und euer Brot in Pein verzehrt,
Da Er's dem Freund' im Schlaf gewährt.

Sieh! Kinder sind des Herren Theil,
Ja, Sprößlinge sind Schutz und Heil;
Gleich Pfeilen in des Helden Hand,
So sind der Söhne Liebespfand.

D'rum ist der Mann des Glückes Bild,
Der seinen Köcher so gefüllt:
Er darf nicht zittern und erröthen
In Unglücksnacht und Feindesnöthen.

Psalm 137.

Wir saßen an Babel's entlegenen Flüssen,
Und dachten an Zion mit Thränengüssen.

An trauernden Weiden dort hingen
Die Harfen, um nie mehr zu klingen.

Oft pflegten die Herren uns stürmend zu drängen,
Sie froh zu ergötzen mit Freudengesängen:
„Ein Zionsgesang
Mit Spiel und mit Klang!"

Wie sollt' ich am heiligen Liede mich weiden,
Im fremden Gebiet, im Lande der Heiden!

Vergeß' ich mein göttliches Zionsland,
Vergesse mich ewig die eigene Hand!

Die Zunge versage mir stockend die Kraft,
Wenn Dein ich nicht, Zion, gedenke,
Du bist es allein, die mir Freude verschafft,
Wenn jemals ich Freude mir schenke.

11

Gott, wolle Jerusalem's Wehtag rächen
An Edom's Kindern, den grausamen, frechen!
Sie sprachen von wüthendem Grimme bethört:
„Zerstört bis zum tiefsten Grunde, zerstört!"

Bald öde, wirst Babel du furchtbar zahlen
Das Leid, das Du schufst, und die Herzensqualen.

Beglückt, wer zermalmt Deiner Säuglinge Brut,
Die Felswand röthend mit ihrem Blut!

Lob einer biedern Hausfrau.
(Sprüchw. XXXI. 9—31.)

O glücklich, wer ein wackres Weib erlangt,
Weil mehr ihr Werth als Perlenzierde prangt.
Des Gatten Herz kann sicher ihr vertrau'n,
Auf reichen Segen darf er fröhlich bau'n.
Ganz ist ihr Leben seinem Glück geweiht,
Sie forscht und sinnt nur, was sein Herz erfreut.
Sie schaut nach Flachs und Wolle frisch umher,
Und wirkt mit emf'gen Händen arbeitsschwer.
Sie gleicht den Schiffen, die mit schnellen Schwingen
Das Handelsgut aus fernen Landen bringen.
Sie wacht noch vor des hellen Morgens Grauen,
Giebt Brod dem Haus, ihr Tagewerk den Frauen.
Sie wünscht ein Feld, und schafft sich, was sie sucht,
Baut einen Weinberg von der Hände Frucht.
Sie gürtet ihren Leib mit rüst'ger Stärke,
Und kräftigt ihren Arm zu frischem Werke.

Sie merkt, daß sie die Arbeit reicher macht,
D'rum brennt sie noch ihr Licht in später Nacht.
Sie weiß die Spindel kunstgewandt zu führen,
Am Webestuhl die muntre Hand zu rühren.
In schönem Mitgefühl schirmt sie die Armen,
Und speist sie gern mit zärtlichem Erbarmen.
Wenn Frost und Winter naht, verzagt sie nicht,
Weil's nicht im Haus an Kleiderschmuck gebricht.
Und warme Teppiche hat sie bereit,
Und schnee'ger Lein und Purpur sind ihr Kleid.
Im Lande hochgeehrt ist ihr Gemahl,
Im Thore sitzt er in der Richter Zahl.
Sie webt Gewand und Gurt mit sinn'ger Hand,
Verkauft dem Händler sie in's ferne Land.
Sie strahlt in Anmuth, Hoheit und in Pracht,
Weil sie der Zukunft froh entgegenlacht.
Zu klugen Worten öffnet sie den Mund,
Der Lippen Spruch thut ihre Liebe kund.
Sie forscht durch's Haus und ordnet aller Wegen,
Zehrt nicht in Müßiggang das Brod der Trägen.
Da ist von ihrem Lob der Gatte voll,
Die Söhne spenden ihr des Ruhmes Zoll:
„Wir kennen viele herrlich edle Frauen,
„Doch werden wir wie Dich wohl keine schauen."

Ja, eitel ist die Anmuth und die Schönheit nichtig,
Gepriesen ist die Frau, die bieder ist und züchtig.
Laßt ihrer Hände Frucht sie immerdar genießen,
Ihr schwererworbnes Lob aus jedem Munde fließen.

Weihe-Lied.*

Mein Schutz und Hort und Du mein Ruhm,
Uns ziemet heute Lobgesang,
Du schütztest unser Heiligthum,
Drum opfern wir Dir Preis und Dank.
Denn es entfloh der grimm'ge Feind,
Der auszurotten uns gemeint.
    So weihen wir
      Den Tempel Dir
Zu Deines Namens Ruhm und Zier.

Mit Leiden war mein Sinn erfüllt,
Des Lebens Tag war mir verhaßt,
Das Herz von schwerem Gram umhüllt,
Durch harter Knechtschaft Pein und Last.
Doch Deines Armes mächt'ge Kraft,
Hat unsrem Volk den Sieg geschafft —
    Wie Pharao's Troß
      Mit Mann und Roß,
In's Meer einst gleich dem Steine schoß.

* Mit einigen Abänderungen, welche die Einheit des Gedichts zu erfordern schien.

Du führtest uns zum heil'gen Land,
Doch hatten wir auch dort nicht Rast:
Wir dienten eitlem Götzen-Tand —
Bald war der Freiheit Stern erblaßt.
Nach Babel ward das Volk gejagt,
Und dort mit Leid und Noth geplagt.
    Doch Serubabel
    Hat in Babel
Zuletzt gestillt der Thränen Quell.

Und Haman dann, der Bösewicht,
Schwor Untergang dem frommen Haus,
Doch seine List gelang ihm nicht,
Sein Name ward zum Schreck und Graus.
Denn Mordechai ward hochgeehrt,
Und Haman's Stamm in Schmach zerstört.
    Er und die Brut
    Voll Mörderwuth,
Am Galgen floß ihr Sünderblut.

Und jüngst kam stolz der Syrer Macht,
Doch Schutz war uns Makkabbi's Sproß.
Der Feind drang in des Tempels Pracht,
Die Thurmwehr fiel durch sein Geschoß;
Doch jetzt hast Du uns, Gott, befreit
Durch Deiner Wunder Herrlichkeit.
    D'rum feiern wir
    Dies Dank-Fest Dir
Zu Deines Namens Ruhm und Zier.

Gott der Hort.

(Aus dem Hebräischen „Adon Olam".)

Dem Ew'gen Preis, der schon regierte,
Eh' Er das Weltall noch erschuf!
Und als Sein Wort das Werk vollführte,
Da scholl es Fürst! im Jubelruf.
Und mag die Welt in Staub vergeh'n,
Er wird allein in Kraft besteh'n.

Und wie Er war, so herrscht Er immer,
Und herrschen wird Er so in Pracht:
Denn einzig strahlt Sein Hoheitsschimmer,
Und nichts vergleicht sich Seiner Macht.
Wer kennt Sein Werden, wer Sein Ende?
Wer ahnt die Allmacht Seiner Hände?

So ist Er mein Gott, mein lebend'ger Erretter,
Mein Fels und mein Heil in Gefahren und Noth,
Mein Schutz und mein Banner in Stürmen und Wetter,
Der Kelch meines Glücks, wenn Verderben mir droht.

D'rum will ich Ihm wachend und schlummernd vertrau'n,
Den Körper Ihm weih'n und das Leben,
Ich darf auf die Kraft, die beschirmende, bau'n,
Und kann ich noch zagen und beben?

Gebet des Salomon ben Gabirol.

Dich such' ich an jeglichem Morgen,
Mein Retter in heißem Gebet,
Dir klag' ich mein Hoffen, mein Sorgen,
Beim früh'sten Erwachen und spät.

Ich trete mit Zittern und Bangen
Vor Deiner Gewalt Majestät,
Da mein tiefstes Gemüth und Verlangen
Dein Auge, das forschende, späht.

Was könnte mein Herz Dir gewähren?
Mein schwaches Denken Dir leih'n?
Wie kann meine Zunge Dich ehren?
Und was meine Stärke Dir weih'n?

Doch hörst Du mit süßem Gefallen
Der Sterblichen preisenden Sang;
D'rum soll mein Lied Dir erschallen
Mein Leben, mein Leben lang.

IV.

Biblische Dichtungen.

———

Adam's erster Schlaf.

So seh' ich Dich, Du schöne Sonne, wieder,
Und Du durchstrahlst des Himmels prächtig Blau,
Ich höre froh der Vögel Wonnelieder,
Sie wiegen sich im Aether mild und lau,
Und ganz find' ich das schöne Paradies,
Als da der Sinne Thatkraft mich verließ.

Zu neuem Muth gestärkt sind meine Glieder,
Die ich mit Schmerz ermatten schon gefühlt,
Zu größ'rer Lust seh' ich erwacht mich wieder,
Froh wie der Adler in den Klüften spielt.
So mag die Weisheit wohl es ordnen wollen,
Daß Thätigkeit und Rast sich folgen sollen.

Ich sah am fernen Rand die Sonne schwinden,
Und Dunkel hüllte ringsumher mich ein;
Das Augenlicht schien fast mir zu erblinden,
Die Brust erbebt' in Angst und Schreckenspein.
Zum Nachtgraus schien die Welt zurückzukehren,
Und schwarz ein neues Chaos zu gebären.

Doch fühlt' ich freundlich mir die Wolken winken,
Und Frieden war wie sonst in der Natur,
Und plötzlich sah ich tausend Lichter blinken,
Den Himmel schmückend, wie der Thau die Flur,
Und unter ihnen wie auf Fürsten=Throne,
Ein größ'res Licht mit prächt'ger Strahlenkrone.

Ich saß gedankenvoll an einer Palme,
Und heil'ges Schweigen herrschte rings umher,
Der Zephyr ruht' auf jedem Aehrenhalme,
Der Thiere Laut vernahm ich selbst nicht mehr.
Doch schien's, daß jene Aeuglein, die dort wachten,
Gar freundlich grüßend mir entgegenlachten.

Und voll war mir die Brust von süßem Glücke,
Und von Gedanken wogte mir der Sinn,
Ein endlos Lustmeer schwoll vor meinem Blicke,
Und duft'ge Formen tanzten vor mir hin;
Und schwerer fühlt' ich meine Augenlieder,
Und endlich, mein' ich, sanken sie mir nieder.

Da drangen plötzlich reiche Harmonieen
Von weiten Fernen in mein staunend Ohr,
Und wie dem Geist sie neue Schwingen liehen,
Quoll der Gedanken endlos Reich hervor:
Ich glaubt', ich sah den Herrn von Licht umgeben,
Und um Ihn her der Engel Chöre schweben.

Was ich dort weiter hab' am Thron gesehen,
Wie lange staunend ich geweilt im Licht,
Wie ich verhüllt mich niederwarf, zu flehen —
Laßt mich's verschweigen, forschet nicht.
Ein einzig unaussprechliches Gefühl
Durchwogte mir das Herz in Lustgewühl.

Und immer reicher schwoll die Macht der Töne,
Und immer pächt'ger ward's im Himmelsraum,
Da nahte sich in überird'scher Schöne
Ein strahlend Wunderbild vom fernen Saum;
Ich wagte kaum, das Wesen anzublicken,
Mir schlug das Herz in schwellendem Entzücken.

Zwar schien es meiner eignen Form zu gleichen,
Wie ich sie öfter hab' im Bach geseh'n;
Doch kann Geschaff'nes ihren Reiz erreichen,
Sie, die so göttlich, so unnennbar schön!
Der Wesen Fülle schwärmt in Edens Fluren,
Doch nie gewahrt' ich solcher Anmuth Spuren.

Da schlang ein Seraph ihre Hand in meine,
Denn traulich lächelnd führt' er mir sie vor;
Die Herzen lenkt' in zärtlichem Vereine
Der reinen Engel jubelvoller Chor:
Der Höchste selbst, das Bündniß zu beglücken,
Ließ unser Haupt mit ew'ger Myrthe schmücken.

Und kaum hat er die Worte noch geschlossen,
Da blicket er, von Himmels=Reiz umflossen,
Die Lichtgestalt, die droben er geseh'n,
Verschämt erröthend sich zur Seite steh'n.
Sie ward Gefährtin ihm und Freundin süß,
Und vielfach schön war ihm das Paradies.

Abraham in Chaldäa.

So muß ich eine and're Heimath suchen,
Und irrend aus dem Elternhause flieh'n,
Die Brüder werden meinem Namen fluchen,
Der Vater wird in Haß für mich erglüh'n;
Denn ihre Götzenschaar hab' ich zertrümmert,
Daß nun das Volk in Leid und Jammer wimmert.

Noch ist der Geist mir selbst mit Nacht umzogen,
Von fern nur schimmert mir der Wahrheit Strahl,
Und schwankend nebelvolle Bilder wogen
Vor den umwölkten Blicken ohne Zahl:
Des Wissens Pforten wollt' ich kühn erschließen,
Sollt' ich den Muth selbst mit dem Tode büßen.

Und aller Formen Schmuck ist mir zerflossen,
Der meinen Jugendsinnen heilig war;
Der Priester Mund hat Falschheit ausgegossen,
Gelogen hat der Sternenseher Schaar:
Das Volk fällt ihren Ränken blind zum Raube,
Ihr Tempeldienst ist Hohn und Wahn ihr Glaube.

Bei Truggestalten bin ich auferzogen,
Mein Vater ach! hat selber sie gefügt,
Er bildete den ganzen Sternenbogen,
Und was im Erdenrund verborgen liegt,
Und neue Götter sah ich stets erstehen,
Und sah das Volk zu ihnen gläubig flehen.

*Der Werkmann prüft mit strengem Späherauge
Der Bäume Riesenwuchs im heil'gen Wald,
Ob einer wohl für Axt und Säge tauge,
Ein markgefüllter Eichstamm hoch und alt;
Dann ruft er aus: „Der wird fürwahr uns nützen,
Ein prächtig Götterbild daraus zu schnitzen!"

Der mächt'ge Stamm wird mühsam heimgefahren,
Und abgemessen mit bedächt'gem Stab,
Nun läßt die Klugheit man mit Fleiß sich paaren,
Und sägt den besten Theil mit Umsicht ab:
„Werft dies zum Heizen in des Ofens Gluth!
Vom Rest macht einen Gott mit frischem Muth!"

Man nimmt den Zirkel und den Stift behende,
Man zeichnet sinnend Kopf und Fuß und Hand,
Auf daß der Zimm'rer recht das Werk vollende,
Und auch der Schmied es fert'ge kunstgewandt;
Dann ruft man aus mit herrischem Gebot:
„Knie't hin zum Gott, dem Retter in der Noth!"

* S. Jesaia Cap. XLIV.

Sollt' ich noch länger diese Gräuel sehen,
Die am bethörten Volke man verübt?
Sollt' ich wohl selbst zu jenen Bildern flehen,
Die schon im Anblick meinen Geist betrübt?
Und ich begann, des Frevels mich zu schämen,
Mich ob der Schmach im Innersten zu grämen.

Doch nun fühl' ich im Herzen öde Leere,
Und ausgestorben trauert mir die Brust;
Der Himmel ruht auf mir mit düst'rer Schwere,
Dem Sünder gleich, verhaßt und schuldbewußt.
Denn nun sind alle Tröster mir entschwunden,
Verzweiflungsvoll ist mir der Sinn gebunden.

Ach schrecklich ist's, zu flieh'n dem Väter=Glauben,
Da in des Busens Grund die Tugend wankt,
Des Zweifels Schlangen Dir den Schlummer rauben,
Und Dir der Geist unheilbar blutend krankt:
Dem Schiffe gleich in Nacht und Sturm und Wellen,
Schwankst Du umher, um grausend zu zerschellen.

O Götter! kann den Vater ich noch lieben?
Rührt mich der Mutter zärtlich trauter Blick?
Ist treue Freundschaft meiner Brust geblieben,
Die holde Trösterin im Schmachgeschick?
Zerrissen scheinen alle theuren Bande,
Die ich bisher geknüpft in diesem Lande.

Wie wohl war mir, als ich noch harmlos lebte,
Da vor des Vaters Göttern ich geknie't!
Als mir des Herzens Einfalt Kränze webte,
Die farbenschön und perlenfrisch geblüh't:
Sind sie nur glücklich, die im Irrthum leben?
Und kann der Wahrheit Strahl nicht Labung geben?

So soll ich denn nun hoffnungslos verzagen,
Und mit Verzweiflung in die Zukunft schau'n?
Soll mein gequältes Herz zu Grabe tragen,
Und keinem Trost und Balsam mehr vertrau'n?
Ist denn kein Gott, der diese Welt regiert,
Kein Gott, der ernst des Menschen Schicksal führt?

Hat sie dem Chaos frei sich selbst entrungen,
Hat sie sich selbst bereitet, die Natur?
Wie ist der weite Sternenkreis entsprungen?
Wer brachte Ordnung in Gefild und Flur?
Wer schuf den Menschen in der Hoheit Walten,
Auf Erden selbst gleich einem Gott zu schalten?

Ich hör' entfesselt die Orkane sausen,
Und wer gebeut der ungestümen Wuth?
Ich seh' im Meer die Wogen schäumend brausen,
Und wer setzt Ziel und Gränzen ihrer Fluth?
Der Sturm muß ohne Gott die Welt zerstören,
Des Meeres Wüthen Stadt und Land verheeren.

Wer ist's, der schwarz bedeckt den Himmel droben,
Mit blitzeschwangern Wolken ihn umzieht?
Du zitterst bei des Donners grausem Toben?
Du zagst, wenn durch die Luft der Blitzstrahl glüht?
In Deines Herzens Aengsten knie'st Du nieder —
Doch wer verleiht der Welt den Frieden wieder?

Ich wall' im Lenz durch Wiesenpracht und Wälder,
Und schau' entzückt der Gärten schmelzend Grün:
Wer schmückte doch mit solchem Glanz die Felder,
Die nie mehr schienen zu ersteh'n, zu blühn?
Kann Gras und Halm empor von selber schießen?
Aus dunklem Keim die farb'ge Blume sprießen?

Der Sterne Myriaden seh' ich kreisen,
Und blick' in Scheu zum Himmelszelt hinauf:
Wer fesselt sie in ihren ew'gen Gleisen?
Wer fügt die Wunderbahn und ihren Lauf?
Doch ist ihr Schwung auch hehr und schön ihr Licht,
Sie sind Geschöpfe, doch die Schöpfer nicht.

Und kann ich alles Staunenswerthe nennen,
Das Erd' und Himmel, Land und Meer erfüllt?
Laß offen mich die Blindheit anerkennen,
Die mir verschleiernd noch den Sinn umhüllt.
Das Eine nur seh' ich unleugbar klar,
Daß vor der Welt ein schaffend Wesen war.

Und wer ist's, der die Menschheit weise leitet,
Der vor des Freulers Wuth den Frommen schützt?
Der lehrt, daß Tugend nur uns Glück bereitet,
Der lohnt und züchtigt, wie's dem Rechte nützt?
Es muß ein mächt'ger Gott unsichtbar walten,
In strenger Hand die Richterwage halten.

Und Sein allsehend Auge wachet immer,
Belauscht der Menschenbrust geheimste Saat,
Und Seiner Größe, Seiner Weisheit Schimmer,
Enthüllt Ihm uns're gute, böse That.
Fürwahr! Er stützt des Geistes mühvoll Streben,
Und liebt's, zu Seiner Klarheit ihn zu heben.

Und in mir fühl' ich jetzt Sein heilig Wesen,
Mit Seinem Hauch muß Er mir nahe sein:
Ja, ja, Er will vom Irrthum mich erlösen,
Vom Zweifel und vom Wahne mich befrei'n:
Mein Herz fühl' ich in tiefem Schauer beben,
Des Schöpfers hohes Walten mich umschweben.

Ja, ja, Er ist der Gott des Himmels und der Erde,
Dem Nichts entrang das All sich durch Sein mächtig „Werde",
Er war in Glanz und Ruhm seit allen Ewigkeiten,
Und Er regiert die Welt bis in die fernsten Zeiten.
Und Allmacht ist Sein Nam', Er wird allein besteh'n,
Wenn alle Götzen einst in Schmach zu Grunde geh'n.

Und Er erfüllt die Welt mit Seinem Hoheitsglanze,
Er herrscht im Sturm, im Meer, Er pflegt die zarte Pflanze,
Der Himmel Himmel schließen Seine Pracht nicht ein,
Nur Er vermag den Fluren ihren Glanz zu leih'n:
Wenn ich der Sonne Pracht, der Sterne Schaar betrachte,
Wie zweifelt noch der Sinn, daß Er hervor sie brachte?

Er schuf des Menschen Geist nach Seinem Ebenbilde,
Setzt' ihn zum Herrn der Trift, der Wälder und Gefilde,
Ließ Hoheit ihm im Blick, im Herzen Liebe glüh'n,
Gebot, der harten That, dem rauhen Wort zu flieh'n,
Und jeder Tag soll näher Seinem Geist uns bringen,
Bis wir dann endlich ganz zu Ihm empor uns schwingen.

Und heiter ist's in meinem Busen wieder,
Und Welt und Menschen kann ich nun versteh'n,
Ich fühle, wir sind Alle Freunde, Brüder,
Weil Gottes Macht und Odem in uns weh'n;
Mit den Genossen bin ich ausgesöhnt,
Wie sehr mein Geist sich ihres Irrthums schämt.

Doch will ich fort nach fernen Landen ziehen,
Und Gottes Führung kindlich treu vertrau'n,
Das Licht enthüllen, das Er mir verliehen,
Und will Altäre Seinem Dienst erbau'n:
Von dort soll sich der Wahrheit Tag verbreiten,
Durch alle Welten leuchten und durch alle Zeiten.

— — —

Moses in der Wüste.

Schon viele, viele Jahre sind verflossen,
Seit vom Aegypterland gefloh'n ich bin,
Und manchen Thränenstrom hab' ich vergossen
In sehnsuchtsvollem Schmerz und traur'gem Sinn;
Doch will mir nie dies Land zur Heimath werden,
Fern von den Stammesbrüdern und Gefährten.

Zwar hab' ich hier ein zärtlich Weib gefunden,
Die schon zwei theure Söhne mir gebar,
In treuer Lieb' ist Jethro mir verbunden,
Der mir durch klugen Geist ein Tröster war:
Doch kann ich meiner Brüder Noth gedenken,
Und meinem Herzen Ruh' und Freude schenken?

Wohl leb' ich hier in stillem Herzensfrieden,
Mich reizet nicht der Zaub'rer Pfaffenlug;
Von allem irb'schen Treiben abgeschieden,
Steht fern mir jeder heuchlerische Trug:
Doch wer beschirmt der Brüder Glaubensgüter?
Wer ist der Ahnenlehre starker Hüter?

Wer wird vor Apis' Gräueldienst sie schützen,
Wer vor der Isis, des Osiris Tand?
Vor allen Bildern, die nicht seh'n, nicht nützen,
Die Schlauheit, Falsch und Priesterlist erfand?
Sie beugen ach! sich vor der Sterne Heer!
Sie fleh'n, o Schaam, zum Nilfluß und dem Meer!

Ist darum einst der Wahrheit Licht erschienen
Dem Abram in Chaldäa's Götzenland?
Ihn mahnend, treu dem einen Gott zu dienen,
Und Ihn zu lehren, wie er Ihn erkannt?
Und nun muß seine Kinder Wahn umnachten,
Daß sie der stummen Thierbrut Opfer schlachten!

Die Hoffnung selbst ist ihrer Brust entschwunden,
Und durch das Joch entnervt ist ihre Kraft,
Ja, düster hält Verzweiflung sie gebunden,
In Trägheit ist ihr Männerherz erschlafft;
Wie würde sonst ein Stamm von Millionen
Im Sklavenlande so geduldig wohnen!

Und lange schon durch wilden Zwist zerrissen
Ist auch der Eintracht süß' und mächtig Band,
Daß blut'ge Ströme frevelnd, schmachvoll fließen,
Und mordend tobt die nahe Bruderhand:
Mußt' ich nicht selbst aus jenem Lande flüchten,
Weil ich der Meinen Hader wollte schlichten? —

So soll denn Israels Geschlecht verderben,
Im Knechtesjoch zu ewig schwerer Schmach?
Und Heiden sollen jene Fluren erben,
Die Gottes Huld uns gnädig einst versprach?
So kann's vom Höchsten nicht beschlossen sein,
Du hast's gelobt — und Du wirst uns befrei'n! —

Doch wer soll kühn die schwere That vollbringen,
Und der Erlösung starker Mittler sein?
Um gegen tausend Uebel froh zu ringen,
Kann dort im Kettendruck der Hort gedeih'n?
Wer wird es wagen, vor den Fürst zu treten?
Wer wird das Volk ermuth'gen in den Nöthen?

Auch ich träumt' einst von schönen Rettungsträumen,
Als noch im Königspalast ich geweilt,
Denn in des Schlosses prächtig stolzen Räumen
Hab' ich im Geist der Brüder Noth getheilt,
Und oft fühlt' ich im Zorn das Auge sprüh'n,
Und oft fühlt' ich im Grimm die Wange glüh'n.

Doch jetzt bin ich zum Fremdling ihnen worden,
Und meinen Namen kennen sie kaum mehr;
Könnt' ich sie lenken, jene rauhen Horden?
Könnt' ich sie schirmen, ich als Schutz und Wehr?
Denn auch die Jugendkraft ist ach! veraltet,
Im Greisen ist die Jünglingsgluth erkaltet! —

So soll das Volk denn eine Beute werden
Dem harten Wüthrich und dem Sklaventroß?
Und gleich des trägen Lastthiers stumpfen Heerden
In ew'gem Joche schmachten Jakobs Sproß?
Noch lebt im Himmel unser Gott der Väter!
Er schützt die Frommen, straft die Uebelthäter.

Er wird mit Feuer meine Pulse stählen,
Verjüngen die erstarrte Lebenskraft;
Von Ihm belebt, wird mir der Muth nicht fehlen,
Denn Er verleiht die Macht, die Wunder schafft.
Und des Tyrannen Starrsinn werd' ich brechen,
Und das entweihte Gastrecht furchtbar rächen. —

Doch ist die Zunge fesselnd mir gebunden,
Und mir gebricht der Ueberredung Kunst;
Nicht will sich zierlich mir die Rede runden,
Mein Wort stiehlt schmeichelnd nicht der Hörer Gunst;
Wie soll dem König ich, dem Volke zeigen,
Sich vor Jehovah demuthsvoll zu neigen?

Doch wer kann Seinen weisen Rath ergründen?
Wer hat Sein tiefes Walten ganz erkannt?
Vielleicht will Er ein schwaches Werkzeug finden,
Daß herrlich Seine Macht erglänz' im Land:
Daß nur der Wahrheit inn're Kraft mag siegen,
Soll schwache Ohnmacht mit der Stärke kriegen.

Und hat nicht Er des Menschen Mund geschaffen?
Und löst nicht Er der Zunge hemmend Band?
Was können Menschen gegen Seine Waffen?
Er fügt das Herz wie Wachs des Künstlers Hand.
Auch Aaron wird mit Muth und Hoheit sprechen,
Des Königs Trotz, des Volkes Zagen brechen.

O Bruder, ach! wie mag Dein Herz sich grämen,
Das Volk in Druck und Knechteslast zu seh'n;
Dein edler Sinn wird ihrer Schmach sich schämen,
Und um des Himmels schnelle Rettung fleh'n.
Ja, ja, ich weiß, Er wird Sein Volk erlösen,
Er, der in Noth mein Retter ist gewesen.

Er half als Kind mir von dem Wellentode,
Und ließ im Fürstenprunke mich erzieh'n;
Er schützte mich, als Pharo's Schwert mir drohte,
Er ließ auch hier mir neues Glück erblüh'n:
Darf ich nach so viel Wundern noch verzagen?
Ob Er zum Diener mich erwählt noch fragen?

Und auch in dieser Wüste schaur'ge Flächen
Hat er mit weisem Plane mich geführt,
Hier, wo Schakale nur die Stille brechen,
Wo mir das Herz von Grauen wird berührt.
Sie lehrt mich still des Schöpfers Weisheit ahnen,
Sie will mich ernst zu großen Thaten mahnen.

Frei lebt hier Alles in dem weiten Raume,
Das Gräschen, das dem Sande sich entringt,
Mit sammt dem reichen Tamarisken=Baume
Und dem Gewild, das um die Hügel springt.
Als Herr soll stolz der Beduine leben,
Und Jakobs Stamm soll nicht nach Freiheit streben?

Und diese ew'gen Berge zeugen klar,
Daß Gott der Herrscher ist in Ewigkeit,
Und dieser Sonne Glanz so wunderbar,
Daß Er nicht ändert, altert, alle Zeit:
Ja, ja, Er ist, Er wird sein, und Er war,
Unwandelbar und ewig immerdar.

Und unaussprechlich heilig ist Sein Wesen,
Das Aug' und Sinn in diesen Himmeln lesen,
Er wird erfüllen, was Er hat verheißen,
Er wird Sein Volk dem Trübsals-Schlund entreißen,
Die Ahnen haben Allmacht Ihn genannt,
Doch ich hab' Ihn als Ewigen erkannt.

Wie seh' ich den Berg dort in Feuer und Licht?
So funkeln irdische Flammen nicht!
So strahlt nicht die Sonne, so strahlt kein Stern,
Ein Ruf ist's wahrlich, ein Ruf vom Herrn,
Daß heim ich soll zu den Brüdern geh'n,
Als muthiger Kämpfer vor Pharaoh steh'n.

Und könnt' ich noch jetzt hier zögern und weilen?
Mit Weib und mit Kind will von dannen ich eilen!
Den alternden wirst Du, den kraftlosen Hirten
Mit Heldenmuth und mit Stärke gürten;
Und gern wird das Volk meiner Führung trau'n,
Auf Dich als den ewigen Retter bau'n!

Und Pharaoh's Thron wirst Du grausend erschüttern,
In den Tempeln werden die Götzen erzittern,
Mit Schrecknissen straffst Du das Land und mit Plagen,
Das Volk wird in Jammer und Trübsal klagen.
Doch Israel wird hohen Arms von Gosen ziehen,
Und dankend, betend, hier vor diesem Berge knieen.

Klage der Mutter.*

„Wie weilen die Rosse doch heimzukehren!"
So sprach einst Sissera's Mutter in Zähren.

Zur tobenden Feldschlacht ist er gezogen,
Gewappnet mit Harnisch und Tartsch' und Bogen —
Hat blutig die Fehde Dich fortgerissen,
Dich hingerafft bei des Kison Flüssen?
Des Kampfes Geschick ist furchtbar entschieden
In schmählicher Flucht und in schimpflichem Frieden.
„Wie weilen die Rosse doch heimzukehren!"
So sprach einst Sissera's Mutter in Zähren.

Ich schaue mit Angst und mit Qual in die Gassen,
O will mein gefoltertes Herz sich nicht fassen?
Wie öd' erscheint mir das wilde Getümmel!
Wie einsam und eitel das wüste Gewimmel!

* Siehe Buch der Richter V. 28—31.

Denn ihn, den Geliebten, den Sohn allein,
Den Erstgebor'nen such' ich in Pein.
So sprach einst Sissera's Mutter in Zähren —
„Wie weilen die Rosse doch heimzukehren!"

Wohl hat mich das bebende Herz nicht betrogen —
Hat je wohl die Mutter die Ahnung belogen?
Wie hab' ich bestürmt ihn mit Flehen und Klagen,
Den schrecklichen Kampf nicht vermessen zu wagen!
Der Muthige lachte der zärtlichen Bitten,
Nun hat er des Wahnsinns Strafe gelitten:
„Wie weilen die Rosse doch heimzukehren!" —
So sprach einst Sissera's Mutter in Zähren.

Ja, Uebel der Hölle sind Schlacht und Krieg,
Und Unheil selber sind Ruhm und Sieg:
Da herrscht nicht die Kraft und die männliche That,
Versteckt schleicht List und tück'scher Verrath.
Ist Sissera, wehe! durch Ränke gefallen,
Von befreundeter Hand in befreundeten Hallen?
So sprach einst Sissera's Mutter in Zähren —
„Wie weilen die Rosse doch heimzukehren!"

O tröstet mich nicht, mein Herz ist krank,
Da er, mein Stolz, in die Gruft mir sank;
Nicht hör' ich im Geiste Triumpheslieder,
Von Todtengesang hallt's klagend wider.

Nicht Mägdlein und Decken, nicht Rosse noch Beute,
Die Flucht nur erblick' ich, die wild sie zerstreute:
„Wie weilen die Rosse doch heimzukehren!" —
So sprach einst Sissera's Mutter in Zähren.

O klaget, ihr Lieben, und mögt ihr's wissen —
Von bitterm Gram ist die Brust mir zerrissen —
Verlassen sind wir von unsern Göttern!
Und Weihrauch streuten wir nichtigen Rettern!
Allmächtig allein ist der Gott der Hebräer,
Ein Trug sind unsere Priester und Seher!
So sprach einst Sissera's Mutter in Zähren —
„Wie weilen die Rosse doch heimzukehren!"

Ja Kanaan's Sturz ist, wehe! gekommen —
Die Tempel zerstört, die Paläste genommen,
Zertrümmert der Ahnen uralter Glaube,
Dem bildlosen Gotte der Fremden zum Raube;
Wohl mochte mein Sissera mannhaft kriegen,
Doch konnt' er der Engel Schaaren besiegen?
Ihn stürzte der Herr mit den Himmelsheeren —
Laßt toben die Klage, laßt rinnen die Zähren!

———

Ruth und Naomi.

***

Naomi.

Laß ab, Geliebte, mich zu drängen,
Mir bangt das Herz vor Deinem Blick,
Es sinkt vor Deinen Trauerklängen,
O, Tochter, kehr', ich fleh's, zurück!

Ruth.

Nein, laß mich klagen, laß mich trauern,
Es rinne frei der Thränen Fluß!
Mich eint kein Band mit jenen Mauern,
Und ewig fest steht mein Entschluß.

Naomi.

Dir bleibt, Du weißt's, in diesem Boden
Gar manches heil'ge Liebespfand; —
Es ruh'n die Glieder theurer Todten
Vergessen weh! im fremden Land.

Ruth.

Mit inn'ger Liebe will ich's lieben,
Das Land, das ihr Gebein bedeckt;
Doch Du allein bist mir geblieben,
Die lebend mir ihr Bild erweckt.

Naomi.

Dich werden Deine Götter strafen,
Und Camos zürnt, es donnert Bal —
Weh' ihm, den ihre Blitze trafen,
Sie fordern streng ihr Opfermahl.

Ruth.

Auf Deines Gottes Macht und Gnade
Will ich mit gläub'gem Sinn vertrau'n;
Er leite mich auf eb'nem Pfade,
Daß Seine Rettung ich mag schau'n.

Ich zitt're nicht vor Moabs Götzen,
Seitdem ich Jakobs Gott erkannt;
Nicht helfen kann und nicht verletzen
Der stummen Bilder Lügentand.

Naomi.

Du willst dem Volk, dem Du entsprungen,
So leicht entsagen, liebeleer?
Die Sprache, die Dir hier erklungen,
Sie rauscht Dir traulich dort nicht mehr!

Und den geliebten Heerd der Deinen
Verschmähst Du wie der Freunde Schaar,
Die unter Lust und unter Weinen
Des Herzens holde Tröstung war?

Ruth.

O wolle kalt mein Herz nicht nennen!
Es schlägt für meines Stammes Glück —
Doch höh're Gluth fühl' ich entbrennen,
Denk' ich an Israels Geschick.

Es ist ein Stern in dunkeln Nächten,
Ein Hafen ist's im Zeitenmeer,
Es siegt im Kampf mit Lügenmächten,
Es ist der Gottheit starkes Heer.

An Dich hat sich mein Herz gebunden,
Es hängt an Dir, verstoß' es nicht!
Es krankt an tausend tiefen Wunden,
Gewähre — eh' es qualvoll bricht!

Da hört sie ein feierlich Flüstern erschallen,
Wie Engelstimmen im Aether hallen:

Nicht fremd wird sie sein in Israels Land,
Vereinsamt nicht und verstoßen,
Dem frommen Gemüthe sind zugewandt
Die Herzen der Herren und Großen,
Und Könige werden dem Weib entblüh'n,
Das jetzt sich härmt in Jammer und Müh'n.

D'rum mögt ihr's vernehmen, ihr Völker der Welt,
Und edel handeln und weise:
Jehovah erwählt sich, w e r ihm gefällt,
Wer verharrt in der Tugend Gleise;
Wenn stolz sich und hassend die Menschheit trennt,
Ist Er's, der für Alle liebend entbrennt.

David nach dem Tode Sauls und Jonathans.

(Siehe 2 Sam. I.)

So ist's denn wahr, ich muß es glauben,
Und das Verhängniß ist erfüllt:
Muß ach! der Tod die Besten rauben
Im Schlachtgetümmel heiß und wild.
Wie sind doch die mächtigen Helden gefallen,
Die beneidet thronten in prächtigen Hallen!

Ihr wart durch tausend zarte Triebe
Mit meiner Seele fest vereint,
Durch jede Sehnsucht, jede Liebe,
Die in das Herz erquickend scheint.
Nun sind mir verwelkt des Herzens Kränze,
Wie Veilchen verblüh'n nach flüchtigem Lenze.

Mein Jonathan, Du meine Wonne,
Du meines Lebens süßes Licht,
Mir strahlte gleich dem Glanz der Sonne
Dein männlich treues Angesicht:
Nun ist die Sonne mir untergegangen,
In düst'rem Gram ist das Herz mir befangen.

Du edler Jüngling, der mit Freuden
Der Opfer schwerste mir gebracht,
Der mir zu kummervollem Leiden
Verhüllt nun ruht in Grabesnacht,
Frei war Dir von irdischer Kleinheit die Seele,
Der Busen gereinigt von menschlicher Fehle.

Und hoch in edler Würde ragte
Die herrlich markige Gestalt,
Vor Deinem Heldenauge zagte
Die tück'sche Bosheit und Gewalt.
Nun starbst Du dahin in der Jugend Prangen,
Die purpurne Gluth auf den schimmernden Wangen.

Ja, daß Dir nicht der Geist verderbe,
Entwichst Du von der Erde Tand,
Daß nicht der Anmuth Blüthe sterbe,
Enteiltest Du in's Himmelsland.
Ein glänzend Gestirn bist Du niedergegangen,
Mein Herz seufzt klagend in Gram und Bangen.

Um Dich auch ist, o Saul, mir wehe —
Doch ausgerungen ist Dein Leid,
Und auf Gilboa's blut'ger Höhe
Genasest Du vom Lebens = Streit:
Nun ruhst Du, arme, geängstigte Seele,
Verzieh'n ist die Schuld, vergessen die Fehle.

13*

Der Geist war Dir mit Nacht umwoben
Schon in des Lebens heitrem Tag,
Du bangtest bei des Wahnes Toben,
Der im Gemüthe lauernd lag.
Wie muß doch die göttliche Menschheit ersticken,
Wenn des Irrsinns Netze den Sinn umstricken!

Gar viele Qual hab' ich erduldet
Von Deiner ungerechten Hand,
Dem Wild gleich ward ich unverschuldet
Gejagt, gehetzt durch's ganze Land,
Und auch das geliebte Weib meiner Jugend
Du hast's mir entrissen, das Muster der Tugend.

Den eig'nen Sohn in eig'nen Hallen
Verfolgte Deines Speeres Wuth;
Doch anders hat's dem Herrn gefallen,
Er schirmt' ihn treu in Seiner Hut.
Wie soll ich's dem liebenden Freunde bezahlen!
Er stürzte für mich in Gefahr und Qualen.

Doch, sollt' ich wohl Dir zürnen können,
Da Dich des Ew'gen Geist verließ?
Ein Schattenbild warst Du zu nennen
Des Helden, der einst der König hieß —
Hast Beistand selbst bei den Zaubrern gesucht,
Die sonst Dein Gesetz hat verbannt und verflucht.

So sei auch Dir, o Saul, vergeben,
Mein König, Vater, Bruder jetzt,
In meinem Herzen sollst Du leben
Beklagt, gepriesen, ja geschätzt. —
Wie sind doch die mächtigen Helden gefallen,
Die beneidet thronten in prächtigen Hallen!

(Zu den Stammhäuptern des Volkes:)
Von klaffend tiefen Wunden ist der Staat zerrissen,
Die meine Hände schnell und muthig heilen müssen.
Die blut'ge Kriegesfurie hat in blindem Wüthen
Erbarmungslos zertreten Juda's junge Blüthen.
Der Philistäer wildes, raubbegier'ges Heer
Bedeckt das schwache Land wie Wogenschwall das Meer.
Und überall ersteh'n der Heiden mächt'ge Schaaren,
Uns tückisch zu bedroh'n mit neuen Kriegsgefahren.
Jetzt braucht's der kühnen Thaten, ihren Sturm zu zähmen,
Des starken Arms und Willens, ihre Macht zu lähmen.
O Herr, der mich zum Werkzeug gnadenreich erkoren,
Der durch Propheten=Mund mir Hülfe zugeschworen,
O Herr, der Du im Elend huldvoll mich beschützet,
Vor dem nicht stolze Macht, ein frommes Herz nur nützet,
Wenn Du mich schirmend führst, werd' ich den Feind zermalmen,
Wie Hagelschlag zerknickt des Grases dünne Halmen.

Doch o! verderblicher als alle Wuth der Heiden
Ist uns'rer Zwietracht Fluch, an dem die Stämme leiden.
Wie schmachvoll traurig ist's, das Gottes=Volk zu seh'n,
Da wilde Aufruhrs=Banner durch die Lande weh'n!

Nicht haſt Du, Herr! Dein Volk vom Sklavenjoch erlöſet,
Daß es durch Brudermord im heil'gen Land verweſet!
Du kenneſt meines Herzens innig heißes Fleh'n,
Wirſt mir in meinem Thun mit Huld zur Seite ſteh'n.
Ich werd' in Eintracht ſie zu ſtarkem Schutz verbinden,
Ein einig mächt'ges Reich mit einem Scepter gründen;
Der Feinde Frevel=Schaar ſoll ihren Trotz bereuen,
Ich werd' in ſchneller Flucht ſie überall zerſtreuen;
Ich will mein irrend Volk des Höchſten Willen lehren,
Von falſchem Götzendienſt zu Ihm ſich zu bekehren;
Ich will die Heidentempel ſchonungslos vernichten,
Und unſerm Hort ein prächtig Heiligthum errichten.
Ich will — doch halt — denn näh're, heil'ge Sorge dränget,
Daß heut' in meinem Herzen Luſt und Leid ſich menget.

Erſt, hurtige Boten, entrinnet und eilet,
Daß eher der Fuß nicht raſtet noch weilet,
Bis den Männern von Jabeſch in Gilead
Mit Gruß und mit Segen ihr ſeid genaht,
Weil fromm ſie des Königs Leichnam begruben,
Dem Schimpfe der wüthenden Feind' ihn enthuben. —
Dann werfet in ewige Kerkers=Nacht
Den Fremdling hier, der den Gräuel vollbracht;
Den Gesalbten des Herrn hat er frevelnd getödtet,
Von Königsblut iſt die Hand ihm geröthet.
O, nie wird der Streit mit Amalek enden,
Bis vernichtet ſie fallen von meinen Händen. —
Ihr Freunde, begebt Euch nach Moabs Land,
Wohin in der Noth ich die Eltern geſandt,

Als des Königs Wahn in umnachteter Wuth
Gedürstet nach mir und der Meinigen Blut.
Sie sollen bei mir ihr Leben beschließen,
Fortan nur Thränen der Freude vergießen. —
Auch Michal, die schön wie die Rose geblüht,
Der jetzt noch zärtlich mein Herz erglüht,
Die einst mich geschirmt in Verfolgung und Tod,
Gefahr nicht scheuend und drohende Noth,
Sie kehre zurück als Kön'gin geehrt,
Verschöne mir liebend den häuslichen Heerd.

Doch Dein Bild, Jonathan, soll vor mir schweben,
Im Wechsel und Gewühle des Geschicks;
Es soll mich lehren, fromm im Leid zu leben,
Und demuthsvoll im Taumeltanz des Glücks:
Denn Deine Tugend glich in nied'rer Welt
Dem Funkelsterne, der die Nacht erhellt.

Und mit des Liedes leichtbewegten Tönen
Besing' ich Deines Stammes hohen Ruhm,
Ein Vorbild sei Du Juda's Heldensöhnen,
Ein Schutz in Schlachten und ein Heiligthum:
Ich selbst — nach kurzen Pflichten, kurzem Weilen —
Werd' ewig einst die Ruhe mit Dir theilen.

V.

Der Parnaß.

Vorwort.

Der Dichter.

Wenn Du die Reime zierlich schnitzelst,
Das Ohr durch Wortgeklingel kitzelst,
Wenn Du die Silben mühsam zählst,
Und Maaß und Rhythmus schulrecht wählst —
Dein Sang sind Worte für die Ohren,
Ein leerer Schmaus für leere Thoren.

Doch wenn Dein Lied von Innen fließt,
Sich siegreich in die Herzen gießt,
Wenn es vom ew'gen Borne stammt
Und Geist und Sinn mit Lust entflammt —
Du bist ein Sohn der Pieriden,
Du herrschst als Fürst und Gott hienieden.

Entscheidung (Apollo spricht:)

Glänzt Jener auch im Weltgetümmel,
Der And're strahlt in meinem Himmel.

1. Homer.

Vater Homer! Du schufst für die Griechen unsterbliche
Götter,
Dankbar haben sie Dich gleich einem Gotte verehrt.
Wohl umnachtete Dunkel der Augen geblendete Kreise,
Aber im heiteren Geist leuchtete Phöbus Dir selbst.
Und Du entfaltest dem Sinne, was schön ist und lieblich
und glänzend,
Doch auch was edel und gut, lehrst und enthüllst Du dem
Geist,*
Mag das gefällige Spiel hold kindlicher Anmuth entzücken,
Mag die gewaltige Kraft stürmen in männlichem Ernst.
Glanzvoll spiegelt und treu sich die Welt Dir, der Sterb-
lichen Treiben,
Und was die Seele geschaut, malet das treffende Wort.
Aber was immer Du singest, Du wahrest die Würd' und
die Höhe,
Denn wie die ew'ge Natur adelst Du, was Du berührst.
Glücklicher! auf dem Parnaß thronst Du mit goldener Krone,
Selbst der Kamönen Chor neigt sich in Staunen vor Dir.

* Horaz, Epist. I. i. 3, 4.

2. Hesiod.

Herrliches Land der Hellenen, in dem Du für Sklaven gesungen!
Freier Geschlechter fürwahr! würdig erscheint uns Dein Vers.
Wohl auch verkündetest Du eines jeglichen Tages Geschäfte,
Aber von Göttern und Welt sangst Du in lehrendem Lied.
Traun! des Mäoniers Ruhm hat über Gebühr Dich verdunkelt,
Wie vor des Phöbus Glanz Luna verschwindend erbleicht.

3. Pindar.
(geb. 522, gest. 442 v. Chr.)

Neider des Pindar, ihr strebet mit wächsernen Flügeln zur
Sonne,
Und wie des Dädalus Sohn stürzt ihr in's schäumende Meer;
Denn wie der Bergstrom braust, wenn der Regen die Ufer
dahinschwemmt,
Woget unhemmbar sein Sang, sprudelnd aus tiefstem
Gemüth;
Sei's daß kühn dithyrambischen Schwungs er die Sprache
verjünget,
Herrschend nach eig'nem Gesetz, würdig der Kronen Apolls;
Sei's daß Fürsten er singt und der Himmlischen mächtiges
Walten,
Das die Centauren zermalmt und die chimärische Brut;

Ob er die Sel'gen, die Sieger zu Roß und im stürmenden
Wettkampf,
Mehr als durch Pracht und Triumph jubelnd verherrlicht
im Lied,
Oder den Jüngling beklagt, der verzweifelnden Gattin ent=
rissen,
Und ihn aus stygischer Nacht preisend zum Aether erhebt.*
Glücklich erblühte Dein Loos in der herrlichsten Zeit der
Hellenen,
Da das begeisterte Volk kühn die Barbaren bezwang,
Als noch Verehrung der Götter die Herzen erwärmend erfüllte,
Männliche Tugend und Recht lebten im reinen Gemüth;
Da noch die Bande der Ordnung verknüpfend die Bürger
umschlangen,
Und ein gerechtes Gesetz schützend die Staaten umgab.
Fromm und mit gläubigem Sinne besangst Du die herrschen=
den Götter —
Sie die das Lied Dir verlieh'n — und den unsterblichen
Kranz.

* S. Horaz, Od. IV. ii.

---

4. Aeschylus.
(geb. 525, gest. 456 v. Chr.)

Sinnig erfandst Du, gewandt, aus kleinem Beginne das
Schauspiel,
Und aus dem thespischen Karrn schufst Du die tragische Kunst,

Sammelteſt zahlloſe Schaaren der Bürger zuerſt um die
Bühne,
Und wie ein zündender Schlag drang's durch die Griechen
als Volk.
Mit tiefſchauendem Sinn enthüllteſt Du dunkele Sprüche,
Denn ſich ſelber geheim wirket der denkende Geiſt.
Aber der Götter Gewalt durchzuckte die lauſchende Menge,
Denn im räthſelnden Wort redet zum Geiſte der Geiſt.
Strengernſt ſtrebte die Muſe, dem Glücke des Landes ge=
widmet,
Führt' in die Tempel das Volk, führt' es zur Schlacht
und Gefahr.
Drängend noch mahnteſt als Greis Du den Staat vor zer=
rüttendem Wechſel,
Feurig entzückte Dein Lied, aber man ſchmähte den Rath.
Denn ein verjüngtes Geſchlecht war Marathons Siegen
gefolget,
Und die veränderte Zeit rauſchte dem Perikles zu.
Alſo verehren wir willig Dein edel erglühendes Streben,
Aber der ſchaffende Kopf leuchtet den Zeiten voran.

5. Sophokles.

(geb. 495, geſt. 406 v. Chr.)

Wie ſich erquickende Wärme mit Kühlung im Lenze verbindet,
Alſo vereint Dein Sang Kraft und harmoniſches Maaß;
Und wie ſchaffend der Frühling unendliches Leben hervortreibt,
Alſo gebar Dein Geiſt Dichtungen zahllos und reich;

Und wie in ewiger Jugend die Erde sich blühend erneuert,
  Wogte Dein feuriges Lied selbst bei der alternden Kraft.
Und Du erhobst der Melpomene Spiel zur schönsten Voll-
  endung,
  Und der Teutone nur theilt, und nur der Britte den Preis.
Rasch in geflügeltem Schwunge bewegt sich die rollende
  Handlung,
  Doch mit gemessenem Gang schreitet der lehrende Chor.
Klar in verständigem Wort sprach schmeichelnd die Muse
  zum Volke,
  Doch zu ätherischem Flug riß sie die Seelen empor.
Und Du enthülltest der Menge das Vorbild trefflicher Menschheit,
  Und was sie soll und vermag, zeigtest Du kräftig und wahr.
Auch von der Liebe Gewalt sang zärtlich die zaub'rische Leier,
  Und das entflammende Volk rührten die Klagen der Braut.
Freund der unsterblichen Götter! Du lehrtest die Griechen,
  sie lieben,
  Denn vor dem reinen Gemüth weichet die quälende Furcht.
Und der hellenische Stamm war Richter Dir, Freund und
  Gebieter,
  Buhltest nicht schmeichelnd um Gunst, nicht um der Könige Sold.
Wie Du als blühender Jüngling die Flucht der Barbaren
  verherrlicht,
  Scheuchte Dein männlicher Geist leuchtend die Nebel der
  Nacht.
Da der gefeierte Held mit dem Erstlingskranze Dich schmückte,
  Siegtest Du über die Zeit — über der Zeiten Gewühl.

6. Euripides.

(geb. 485, geft. 406 v. Chr.)

Dir weiſſagte der Gott ſchon frühe von „heiligen Kränzen",
Und in Melpomene's Hain pflücteſt Du reichlich ſie Dir.
Wunderbar rührte Dein Sang die Gemüther der ſchluch=
zenden Hörer;
Was nur die Herzen bewegt, quoll von der Leier mit Macht.
Und mit bedächt'gem Verſtand entrolltest Du Sprüche der
Weisheit,
Und den umnachteten Wahn ſcheuchte der forſchende Geiſt.
Doch mit dem Wahne zugleich entſchwand Dir das gläubige
Hoffen,
Und aus dem Göttergewirr retteteſt nicht Du den Gott.
Und der Heroen Geſchlecht ſank nieder zu winziger Kleinheit,
Und auch die Menſchen=Natur malteſt Du nur wie ſie iſt.
Bald ſtieg ſtolz Dein Kothurn mit Pomp und mit Wörter=
gepränge,
Bald zu gewöhnlichem Maaß fiel er dann kläglich herab.
Also vermochteſt Du wohl, die zarten Gefühle zu wecken,
Aber Du adelteſt nicht ſtählend die männliche Kraft.
Ach! Du ſpiegelſt getreu den erlöſchenden Glanz der Hellenen:
Hader der Bürger und Prunk zehrten verwüſtend am Mark.

---

7. Ariſtophanes.

(geb. um 444, geſt. um 380 v. Chr.)

Muthig, nur muthig herein! So plagt Dich das eig'ne
Gewiſſen?
Ja, auf des Acheron Kahn löſt ſich der Schleier vom Geiſt!
„Reuig bekenn' ich den Fehl, ich habe geſündigt, gefrevelt,
Daß ich den göttlichen Schatz wiſſentlich habe verpraßt!"
Ei, leichtzüngiger Freund, wie ſoll man Dir trauen und
glauben?
Kläglich ja greinteſt Du oft, wenn wir Dir Warnung
geſandt.
„Aber mein werthſter Apoll, hier ſtehen die Sachen gar anders,
Sokrates faſelt nicht hier, ſtumm iſt hier Kleon's Gekläff!"
Heilloſer, neckender Spötter, der nimmermehr Frieden mag
halten!
Wenn Du den Kleon nicht haſt, fängſt Du's mit Aeſchy=
lus an.
„O, ich verſprech' es Dir ernſtlich, geduldig zu ſein, wie ein
Lämmlein:
Aeſchylus? — armer Patron — Areopag und Oreſt!"
Siehſt Du, da haben wir's ſchon! im Himmel wie einſt auf
der Erde.
Darum vernehme den Spruch, wenn er auch ſtreng Dir
erſcheint.
Zwar ich verſage Dir nicht zum Kreiſe der Muſen den
Einlaß,
Denn Dein ſprudelnder Geiſt mehrte der Holdinnen Glanz.

Dennoch, weil Du die Kraft, die reich Du besaßest, gemiß-
    braucht,
Bitter die Tugend selbst stechend mit geiferndem Spott,
Wende der edlere Sinn sich in Scheu von Deinem Gesange —
    Wenn er auch willig Dich ehrt, mag er nicht liebend Dir
    nah'n.
Mahne Du warnend die Welt, „ungezogener Liebling der
    Musen,"
Mehr noch als Witz und Geschick ziemet dem Dichter die
    Schaam.

---

8. Sappho.

(um 600 v. Chr.)

Soll ich Dein Schicksal beklagen, ich glücklich es nennen
    und herrlich?
Daß Du im Jugendreiz muthig dem Leben entsagt?
O Dein zärtliches Herz, das glühend dem Freunde geschlagen,
    Ob auch von Trauer verzehrt, zeugte von himmlischer
    Macht.
Einsam schien Dir die Welt, da der Eine Dich hatte ver-
    lassen,
Denn für das liebende Weib war der Geliebte die Welt.
Streng war, ach! unerbittlich die Strafe des zürnenden
    Gottes,
Selbst dem kastalischen Born fehlte die lindernde Kraft.

Doch was feurig Dein Herz und begeistert von Liebe ge=
sungen,
Stammt von ätherischem Licht, blüht in unsterblichem
Schmuck.
War Dein verzweifelter Sprung doch ein Flug von der Erde
zum Himmel,
Bald als Dein ew'ger Gemahl nahet der reuige Freund.

9. Anakreon.

(geb. um 560, gest. um 478 v. Chr.)

Sänger der Lieb' und des Weins, Du erscheinst auf dem
heil'gen Parnassus!
Auf dem Parnassus? Du wagst's? Fort zum olympischen
Saal!
„Wie! Ihr versaget mir hart einen Sitz in den Reihen der
Musen?
„Und Ihr verweiset mich kalt unter das Göttergewühl?
„Ist doch in Eurem Verein nur Unsterblichkeit sicher ver=
bürget;
„Wenn der Olymp schon in Staub, wird der Parnassus
noch blüh'n."
Aber bekenn' es nur frei — ob Du ewige Lieder gedichtet?
Tändelnd nur war Dein Gesang — nahe nicht unserem
Kreis!

„Wie! ist Erato nicht auch in der Musen geheiligter Neun-
zahl?

„Sie, die von Liebe nur träumt und Amorettengesang?"
Freund! Du bist blind und betrogen. Du wagst es, Erato
zu nennen?
Wohl ist die Liebe Genuß — mehr noch Entbehrung und
Scheu.
Sie ist ein Theil der Gewalt, die ewig die Sphären regieret,
Welche verbindet und löst, Himmel und Erde vereint;
Aufwärts hebt sich der Geist zu des Aethers unendlichen
Räumen,
Und in den irdischen Leib steiget ein mächtiger Gott: —
Weil Du die himmlische Liebe zu weltlichen Spielen entweihtest,
Trage der Cypria Joch, folge des Bacchus Geleit.
Doch weil ahnend ein Strahl Dir von oben zu Zeiten ge-
leuchtet —
Oefter zu gastlichem Fest laden wir freundlich Dich ein.

---

10. Plautus.

(geb. um 254, gest. 184 v. Chr.)

Lauschend ergötzte das Volk sich, mit Lust an den kernigen
Scherzen,
Denn als ein Kind der Natur folgtest Du ihrem Gebot.
Wohl war griechischen Mustern Dein kräftiger Griffel ge-
folget,
Aber mit römischem Sinn sprachst Du zum römischen Volk.

„Sängen lateinisch die Musen, sie wählten plautinische
Rede:"
Möglich, doch mieden sie wohl manches gemeine Geschwätz.

---

11. Terenz.
(geb. 195, gest. 159 v. Chr.)

Zart wie des Westwinds Säuseln ertönte die scherzende
Leier,
Und feinfühlender Sinn ahnt den erquickenden Hauch.
Zwar nur spärliches Lob empfingst Du vom eig'nen Ge=
schlechte,
Dem nur der plumpere Spaß, dem nur die Derbheit
gefiel.
Edel mit reinem Geschmacke beschreibst Du die Menschen und
Sitten,
Und mit dem attischen Salz würzest Du Bilder und Wort.
Kunst und ein sittlicher Geist durchwehen die keuschen Ge=
mälde,
Und ein belebender Duft reizt und beflügelt den Sinn.
Niedrigen Eltern entsproßt und in fremdem Gebiete ge=
boren,
Nannten die Edelsten Roms bald Dich Genossen und
Freund.
Und es verfolgte Dich feindlich der Neid und die schmälende
Scheelsucht;
Doch der Verläumdung Zahn nagte vergebens Dich an.

Zwar Du schuldest das Schönste den großen hellenischen
Meistern;
Doch mit bezauberndem Reiz schmückt das Erborgte Dein
Geist.

---

12. Virgil.

(geb. 70, gest. 19 v. Chr.)

Guter! Dich zog das Gemüth zur Natur und zur edelen Einfalt,
Und in idyllischem Lied sangst Du die ländliche Trift.
Mitten in schändlichen Zeiten verharrtest Du kindlich und
schuldlos:
Reineren Welten entstammt ewig des Genius Kraft.
Aber durch männlichen Eifer und unablässiges Streben
Schuf Dir das epische Lied rühmlichen Namen und Preis.
Wohl leiht Deinem Gesange Homer die entzückendsten
Farben —
Vor dem geläuterten Blick schwebte das ragende Ziel.
Weil Du in muthigem Ringen es nicht zu erreichen ver=
mochtest,
Wolltest bescheiden das Lied sterbend den Flammen Du
weih'n.
Dank dem Geschick, das es schützte! Den Menschen erhebet
und ehret
Mehr was er Gutes gewollt als was er Großes
gethan.

13. Horaz.

(geb. 65, geſt. 8 v. Chr.)

Magſt Du in prächtigem Schwunge von Mars und von
Jupiter ſingen
Oder in lieblichem Lied Amor und Bacchus erhöh'n,
Magſt Du in hüpfendem Verſe die Freunde mit Scherzen
entzücken
Oder in ernſterem Maaß Tugend ſie lehren und Recht,
Magſt Du der Ehrſucht ſpotten, des nichtigen Götzen der
Großen,
Oder des niedrigen Volks Feilheit verlachen und Geiz:
Selbſt im heroiſchen Schwung lockt ſchmeichelnde, liebliche
Anmuth,
Und mit dem lyriſchen Spiel paareſt Du Hoheit und
Glanz;
Selbſt Dein tändelnder Scherz iſt mit Weisheit ſinnig um=
woben,
Und um das mahnende Wort hüllt ſich gewinnender Reiz;
Bei des Patriziers Stolze gedenkſt Du der Treue des
Volkes,
Und bei des Pöbels Gewalt rühmſt Du des Adels
Geſchmack.
Also verſöhnet die Muſe die ſtreitenden Pole des Geiſtes,
Und mit der Luſt Epikurs einſt Du des Stoikers Ernſt.

---

14. Catull.

(geb. 86, geft. um 50 v. Chr.)

Was Deine Muſe vermochte, belehren uns „Atys" und „Peleus",
Und Dich adelt' und hob zärtliches Brudergefühl.
Sprudelnd und leicht und gelehrt floß ſtolz Dein Geſang
von der Leier,
Und anmuthiger Witz zierte den lieblichen Vers.
Aber den Laſtern erlagſt Du des üppig entnervten Geſchlechtes,
In das erhebende Lied miſchte ſich buhlende Gluth.

---

15. Tibull.

(geb. 54 (ob. 59), geſt. 18 v. Chr.)

Friedlicher Dichter der Liebe, ſo früh in der Blüthe ver=
ſchieden!
Ruhig in ländlichem Glück glitt Dir das Leben dahin.
Freundſchaft ſchmückte die Tage; mit mäßigem Erbe zufrieden,
Sangſt Du beſcheiden und ſtill Venus, ihr Glück und
ihr Leid.
Und in die ſchmelzenden Lieder ergoß ſich die Milde des
Herzens,
Reinen Gemüthes und keuſch ſangſt Du mit rührendem Wort.
Hätte mit himmliſchem Hauch Dich Urania gnädig geheiligt,
Traun! Du gewönneſt den Geiſt, wie Du die Herzen
beſiegſt.

---

16. Properz.

(geb. um 50, geſt. um 15 v. Chr.)

Singend entſchwand Dir das Leben, und Lieder erſinnend
für Thaten,
    Liebe Dein höchſtes Geſetz, Amor Dein mächtigſter Gott.
Was das Verlangen des Eros, die Furcht und die ſchwebende
Hoffnung,
    Je im Geſange geklagt, malte Dein künſtlicher Vers.
Aber der Leuchtſtern nur, nicht des Daſeins Ziel iſt
die Liebe,
    Schaffend ſtrebe der Mann, wirkend in nützlicher That.
Eitlen und tändelnden Sinnes verpraßteſt Du Gaben und
Wiſſen,
    Nimmer zu goldener Frucht reifte der blühende Geiſt.

---

17. Ovid.

(geb. 43 v. Chr., geſt. 18 n. Chr.)

Herrlich mit üppiger Fülle begabte Dich liebend die Muſe,
    Und den melodiſchen Schatz ſchenkte ſie frei Dir und reich.
Traun, Du badeteſt jung in Caſtalia's heiligen Fluthen,
    Und auf des Pindus Höh'n weihte Dich Phöbus mit Gunſt.

Leicht schlang immer Dein hüpfend Gedicht sich zu fließen=
dem Maaße,
Und was Du dachteſt und ſchriebſt, ward Dir zum lieb=
lichen Lied.*
Aber die herrliche Kraft ſchwand, ach! in vergeudendem
Mißbrauch,
Und aus dem Prieſter Apolls wardſt Du der Cypria
Knecht.
Zügel verſpottend und Sitte, ſo ſchweifte Dein Genius
ſchwelgend,
Doch durch Scheu nur ¦und Ernſt glänzt die veredelnde
Kunſt.
Mühlos ſchenket das Schickſal dem Sterblichen nimmer das
Gute,
Und der geprieſ'ne Juwel heiſchet den emſigſten Fleiß.
Hätte zur ſeltenen Kunſt ſich ein männliches Wollen gepaaret,
Mit des Mäoniers Ruhm dürfteſt Du eifern im Sang.
Aber das Schickſal ſelbſt hat ſchmälernd und hart Dir ge=
ſchadet,
Denn Dein ſchönſtes Gedicht hat es uns neidiſch geraubt.

* O v i d, Trist. IV. x. 25, 26.

18. Dante.

(geb. 1263, gest. 1321.)

Riesig erhabener Geist! Dir nah' ich in Staunen und Ehr-
furcht,
Der Du den Himmel erforschst, der Du die Hölle bezwingst.
Schaudern der Wonne verklärt mich, durchstreif' ich Elysiums
Lichtraum,
Wo der Geliebten Gestalt sinnig und hold Dich geführt;
Grauen der Aengste durchzuckt mich, verweil' ich in Tar-
tarus Nachtbahn,
Wo des Virgilius Geist traulicher Leiter Dir war.
Mit tiefsinnigem Ernst durchdringst Du die Räthsel des
Geistes
Und des Geheimnisses Kern, der in die Seelen sich senkt.
Und was kühn Dein Gemüth in der Höhe, der göttlichen,
schauet,
Theilst Du in dunklem Wort, dunkleren Bildern uns mit.
Und die unendlichen Schätze des menschlichen Wissens und
Denkens
Häuft sibyllinisch Dein Vers, lehrt Dein prophetischer
Spruch.
Rastlos dürstetest Du nach der heiligen Fluth der Erkenntniß,
Im paradiesischen Raum ward Dir das Sehnen gestillt,
Dort, wo Zweifel verweh'n, die marternd die Sinne be-
rücken,
Wo im strahlenden Licht schwelgend die Seele genest.

Mag das verschleierte Lied uns neue Geheimnisse streuen, —
Nimmer ja bindet das Wort ringend den flüchtigen Geist —
Reiches, erhab'nes Gemälde der sturmvoll kämpfenden Seele,
Die, durch die Liebe verklärt, auf zu den Sternen sich
schwingt,
Ewig besteht Dein göttliches Werk, der Verbannung ent-
sprossen,
Das Du in Schmerzen gebarst, das Du mit Wonne genährt.
Selbst zum finsteren Grabe verfolgte Dich Haß und Ver-
läumbung —
Doch mit des Spottes Geschoß traffst Du das böse Geschlecht.
Und mit der Geißel der Zucht brandmarktest Du Frevel
und Lüge,
Und mit unnennbarer Schmach straftest Du Schuld und
Verrath.
Ja, Du verkündetest Recht und Gericht im Namen der
Gottheit —
Wenn nur ein sterblicher Mund Himmelsorakel enthüllt!
Tief in die Gründe des Glaubens versenkte sich forschend
Dein Denken,
Und als des Glaubens Frucht sah'st Du den Wahn und
den Haß.
Lange verhallte Dein Lied im Getümmel verworrener Zeiten,
Als ein geweihter Prophet redest Du endlich zu uns.
Leuchtstern truglos und hell, Du zeigst uns mit himmlischer
Rede
Unsre verschlungene Bahn, unser verhülltes Geschick!

19. Petrarcha.

(geb. 1304, geſt. 1374.)

Liebling von Fürſten und Höfen, ihr Freund und beſtän=
diger Warner,
Der in entarteter Zeit mahnend der Tugend gedient!
Hätteſt Du nur der Tyrannen entnervende Nähe gemieden,
Und mit des Genius Schwung männliche Würde gepaart!
Schmerzvoll blutete zwar Dein Gemüth um des Volkes
Verderbniß —
Aber Dir fehlte die Kraft, ganz Dich dem Volke zu weihn.
Wenn Du mit Ehrgeiz nicht nach Golde geſtrebt und nach
Würden,
Lockte der Eitelkeit Dienſt oft zu Kleinheit und Neid.
Wohl umkränzte Dir würdig der ewige Lorbeer die Stirne.
Wie ein olympiſcher Gott ſtrahlteſt Du Deinem Geſchlecht.
Doch nur was Laura Dich lehrte, vertrauteſt Du heimi=
ſchen Weiſen,
Und den erhabenen Stoff ſangſt Du in klaſſiſchem Laut,
Daß in dem Erdenrund, durch alle zukünft'gen Geſchlechter
Töne Dein rauſchendes Wort, wachſe Dein ſchallender
Ruhm.
Doch Du erneuteſt mit Liebe die Bildung entſchwundener
Zeiten,
Und mit Virgil und Homer pflogeſt Du trauten Verkehr.

Und die italische Sprache verehret und rühmet Dich dankbar,
 Weil Du des Wohllauts Reiz fügtest zu Dante'scher Kraft.
Klar in melodischem Rieseln ergießt sich die Welle des Liedes,
 Und in harmonischem Maaß schwebt das geflügelte Wort.
Aber den Zauber der Reime belebet ein heiliger Schatten,
 Und in seraphischem Laut flüstert der glühende Geist.

20. Boccaccio.

(geb. 1313, gest. 1375.)

Auch auf geweihtem Parnaß sei ewig dem Freunde verbunden,
 Den Du mit Scheu und mit Ernst warntest vor skla=
      vischem Joch;
Den Du bescheiden gelehrt, sich dem Dichter der Hölle zu
      beugen,
 Vor dem titanischen Geist, wundersam prangend in Glanz.
Mühvoll war und getreu Dein Leben der Wahrheit ge=
      widmet,
 Und für den Frieden, das Recht strebte Dein redlicher Geist.
Leicht zwar lockte das sprudelnde Leben zur Irrung den
      Jüngling,
 Doch in des Mönches Gewand büßte der reuige Mann.
Wohl ist mit üppigem Bild die Erzählung befleckt und
      mit Wollust —
 Doch auch des Lasters Gezücht geißelt der beißende Spott.
Reich in unendlicher Fülle bewegen sich Stoff und Erfindung,
 Und in das menschliche Herz trifft Dein durchdringender
      Pfeil.

Griechische Sänger und Weise belebte Dein rüstiger Eifer,
  Plato ertönt und Homer neu durch Italiens Gau'n.
Was Du am Grabe Virgils im heiligen Schauer geschworen,
  Glanzvoll ward es erfüllt — ewig umstrahlt Dich der
    Ruhm.

21. Ariost.

(geb. 1474, gest. 1533.)

Trägt mich der Wagen Medea's bezaubert durch himmlische
    Räume,
  Wo mir das Erdengewühl nebelhaft schwindend zerrinnt?
Schau' ich die Wunder des Orkus, und reden mir Geister
    vertraulich,
  Die vom lethäischen Quell Fülle der Wahrheit geschöpft?
Welches Gedränge von Riesen und Burgen und Rossen und
    Speeren!
Aber ein magischer Stab zwingt sie zur Ordnung, zum Maaß.
Ah! wie die Seele mir schwindelt! Ertrag' ich das bunte
    Getümmel?
  Doch Dein ruhiger Geist bändigt die wachsende Last.
Endlos zeugt Dein blühender Sinn unerschöpfliche Welten,
  Ueppiges Leben entquillt selbst dem entseelten Gestein.
Orpheus gleichend an Wundern, bezwangst Du die wilden
    Gemüther,
  Staunend in heiliger Furcht ließen die Räuber Dich zieh'n.

In die entartete Zeit fiel wärmend der zündende Funke,
    Jugendlich stählt' er ·die Kraft, Freiheit verkündend und
        Kampf!
Doch der romantische Zauber ist scheu aus den Herzen ent-
    schwunden,
Streng auf dem ehernen Thron sitzt die Vernunft und
    gebeut.

22. Taſſo.

(geb. 1543, geſt. 1595.)

Rührung ergreift mich und Kummer, gedenk' ich des grau-
    samen Schickſals,
    Das mit vergiftetem Pfeil zielend und drängend Dich traf!
Ach! in die Schrecken des Kerkers verstieß Dich die fühllose
    Willkür,
    An dem geheiligten Haupt frevelte frech die Gewalt!
Mit hohläugigem Neide verfolgte Dich schmälernde Kleinheit,
    In das empfindsame Herz senkte sich tief das Geschoß.
Bittrer als Neid und Geschick quält' ach! Dich der eigene
        Dämon,
    Der Dir in Schatten der Nacht hüllte die blühende Welt.
Nie zog glückliches Lächeln Dir spielend um heitere Lippen,
    Fliehend und irrend und scheu sah'st Du im Menschen
        den Feind.
Doch war liebend der Busen für zärtliche Flammen geöffnet —
    Ach! das unnennbare Leid, das aus der Liebe Dir quoll!

Trüben und kranken Gemüthes erjagtest Du Ruhe vergebens —
   Denn im gefolterten Sinn lebte das einzige Bild.
Aber die Gaben der Musen besiegten die Tücke des Schicksals,
   Weil eine eigene Welt gnädig dem Günstling sie lieh'n.
Und Du hauchtest in's Lied, was stürmisch die Seele Dir füllte —
   Durch das eroberte Grab schufst Du die Freiheit Dir selbst.
Heilige Stoffe zu singen, gebot Dir der gläubige Eifer,
   Und mit dem klassischen Glanz schmücktest Du christlichen
                   Ernst.
Ach! Dein strenges Gemüth riß schwärmend hinauf Dich zu
                   Kreisen,
   Wo der verständige Sinn Klippen nur blickt und Gefahr.
Muthig bewegtest Du Dich auf Homers und auf Maro's
                   Geleisen,
   Aermer an Plan und an Bild, Sieger durch edleres Ziel.
Freudig erkennt Dich Dein Volk als den Meister der
                   epischen Leier,
   Und Dein melodischer Vers hebet und rühret das Herz.

---

23. Chaucer.

(geb. 1328, gest. 1400.)

Vater des brittischen Sanges, und Quell unversieglicher
                   Dichtung,
   Der zu gefälligem Laut schaffend die Sprache geformt,
   Der von den gallischen Schätzen mit würdiger Freiheit
                   entlehnet,
   Und von Italiens Born eifrig und denkend geschöpft:

Willig gewährt Dir der Chor der heimischen Sänger den
Vorrang,
Wie er dem Alter gebührt, wie er dem Führer geziemt.
Staunend belauschte Dein Ohr Philomelens Gesang und
der Lerche,
Und den bezaubernden Ton hauchtest Du zart in das Lied.
In der „Erzählungen“ Strömen ergoß sich die trunkene Seele,
Aber mit ruhigem Ernst malte die Sitten Dein Geist.
Rührend und spottend und ernst floß wechselnd der Sang
von der Leier,
Aber das fühlende Herz schlug noch in Tadel und Spott.
„Folgt mir zu sonnigem Hügel! Zuerst ist mühsam der
Aufgang,
Doch liebreizend zugleich, blühend in zaub’rischem Glanz,
Und die verlockenden Klänge begrüßen mit Kosen die Sinne —
Traun! nicht Orpheus’ Spiel tönte mit süßerem Laut.“

24. Spenser.
(geb. 1533, gest. 1599.)

Gaukelnd und leicht wie die Elfen, von magischem Griffel
gezeichnet,
Hüpft der melodische Vers schmeichelnd und sonnig dahin,
Magst Du die Fürstin besingen, die keusch jungfräuliche
Anmuth,
Oder den Ehegesang flüstern der lieblichen Braut,
Preisend die himmlische Schöne, die Tugend, die ewige Treue,
„Daß von dem Echo der Wald mächtig erwidernd ertönt.“

15*

Immer umspielet die Verse der Grazien lieblicher Chortanz,
Fülle des himmlischen Thau's träufelnd von Helikons Haupt.
Aber die luft'gen Gestalten, wie schwinden sie nichtig und
marklos!
Hasch' ich ein Nebelgebild, das nur der Traum mir erschuf?
Willst Du die Geister erheben, die Herzen entzücken und
binden,
Rede zum menschlichen Geist, rühre das menschliche Herz.

---

25. Shakespeare.

(geb. 1564, gest. 1616.)

Glänzend erhellte fürwahr! Dir ein göttlicher Funke die
Seele,
Denn nur im himmlischen Licht malet wie Dir sich die
Welt.
Staunend wirst Du verehrt als ein Theil des unendlichen
Geistes,
Deß allsehender Blick schaut in die Saaten der Brust.
Herrlich dem Geist und dem Auge vereintest Du Blüthen
und Früchte,
Aber auf immer geheim bleibt uns die schaffende Kraft.
Gleichend dem Tagesgestirn, so strahlst Du der Welt und
der Menschheit,
Zieht um die Scheib' auch Gewölk, ewig doch bleibet
sie rein.

Sinnig, bescheiden verbargst Du dem Blicke Dein eigenes
Wesen,
Denn die gewalt'ge Natur borgte von Allem ein Theil.
Was wir empfinden und denken, enthüllte sich Deinem
Gemüthe,
Denn Dein schaffender Geist glich einem Spiegel der Welt.
Und mit gerechtem Gericht ward Tugend und Sünde gewogen,
Denn nach strengerem Maaß mißt der geläuterte Sinn.
So lag Alles, das Höchste, das Schönste, Dir offen ent=
räthselt,
Und Du verkündetest groß, was Dich die Gottheit gelehrt. —
Reiche versinken in Staub, Nationen zerfallen und stürzen:
Aber Dein mächt'ger Gesang bleibt bis zum letzten Geschlecht.

26. Milton.

(geb. 1608, gest. 1674.)

Der in seraphischem Schwunge die Chöre der Engel be=
lauschte,
Und in entfesseltem Flug kühn in's Gewölk sich erhob;
Dem die harmonischen Töne der himmlischen Sphären er=
klungen,
Und in erhabenem Sang schwelgte der Geist und der
Sinn;
Der in die Fülle des Lichtes mit trotzendem Auge sich wagte,
Bis in verzehrendem Glanz endlich der Blick Dir erlosch;

Buhle des Schwanes von Avon! ihm ähnlich und o! wie
verschieden!
(Wie die zerfließende Luft gleicht der umgränzten Gestalt):
Selig erglühte der Geist vom Funken des ewigen Feuers,
Das Dir der Cherub des Herrn gnädig aus Eden verlieh'n,
Das Dir die menschliche Lippe mit sühnenden Flammen
berührte,
Und Dich zu heiligem Dienst weihte, zum Priester des
Volks. —
Schüchtern folg' ich der Bahn — Dein ätherischer Fittich
erschreckt mich. —
Wag' ich im sündigen Fleisch mich vor den himmlischen
Thron?
Aber Dein zauberndes Wort trägt mächtigen Sturmes mich
aufwärts,
Und in den göttlichen Plan führt mich Dein denkender
Geist.
Ach! daß ich sterblich nur bin, daß die irdische Fessel mich
bindet!
Könnte der menschliche Sinn göttliche Worte versteh'n!
Könnte das stumpfere Auge die flüchtigen Schatten erhaschen,
Die, leicht schwebend in Duft, malte Dein Griffel mit
Kunst!
Rastlos schlürfte der Geist vom unendlichen Borne der
Weisheit,
Und in hellenischem Schmuck glänzte Dir Sinn und Gestalt.
Und Dir erglühte der Busen im Drang hochherziger Freiheit;
Pfaffenbetrug und Gewalt schlug Dein zermalmender Keil.
Aber den denkenden Geist verwirrt' ein entfesselter Eifer,
Und im brausenden Sturm schwand Dir das wägende Maaß.

Täuschung und Noth war Dein Theil! doch schmählich ver=
stoßen und einsam,
Sangst Du in Elend und Nacht, was zu den Sternen
Dich hebt.

27. Dryden.

(geb. 1631, gest. 1701.)

Wenn der geflügelte Rhythmus den Dichter zum Himmel
emporträgt,
Und scharfätzender Spott führt zum kastalischen Born;
Wenn reichfließende Fülle des Genius Spuren bezeichnet,
Und unerschöpfliche Kraft Staunen und Ehre verdient:
Dann glänzt strahlend Dein Name zu Albions Ruhm und
der Musen,
Ein niewelkender Kranz zieret die glückliche Stirn.
Aber die keusch jungfräulichen Schwestern, sie wenden sich
zürnend
Fort von dem Sklaven der Lust, fort vom befleckenden
Wort.
Und wie das reine Gemüth, so fordern sie männliches
Handeln,
Fürstlicher Lockung zum Trotz — treu nur der Wahrheit
und Pflicht.

28. Pope.

(geb. 1688, geſt. 1744.)

Horch! das melodiſche Rauſchen der zierlich geglätteten Verſe!
 „Ach, mit erſtarrendem Froſt greift mich der künſtliche
Reim." —
Aber die Antitheſen, wie treffend und o! wie entzückend.
 „Freund, das geſchnörkelte Spiel lacht in die Seele mir
nicht." —
Doch Du bewunderſt die Kunſt, die den griechiſchen Barden
verpflanzte.
 „Dem prometheiſchen Thon fehlt der belebende Strahl." —
Aber der ſprudelnde Witz, der elende Schreiber zermalmte.
 „Eitler, erbärmlicher Sinn borget die Maske der Liſt." —
Wahrlich! Du raubſt ihm nicht das Verdienſt klar for=
ſchenden Denkens.
 „Wer in die Tiefe ſich ſenkt, ahnt den olympiſchen Gott."—
Tauſende leſen begeiſtert den Kampf um die liebliche Locke.
 „Glänzt er als Jünger Apolls, dankt er's dem freund=
lichen Haar. —
Doch der gigantiſche Schwung, der ſühnend zum Aether
emporträgt,
Mangelt, es mangelt der Hauch, der von der Ewigkeit
ſtammt."

29. Swift.

(geb. 1667, gest. 1745.)

Willst Du die irrenden Brüder im Guten und Wahren
belehren?
Nahe mit Lieb' und als Freund! Bosheit erschreckt und
zerstört.
Willst Du die sinkenden Geister verjüngend zum Himmel
erheben?
Schwebe Du selber zum Licht, fleuch den befleckenden
Staub!
Reinigend säub're das Feld von wuchernd zerstörendem
Unkraut,
Aber das nützliche Korn schone mit mäßiger Hand.
Leuchtend erhelle der Geist mit belebender Fackel die Bahnen;
Wehe! wenn flammend der Brand Häuser und Städte
verheert.
Ach! die gewaltige Wuth hat rasend den Sinn Dir um-
nachtet,
„Wie der zerstörende Blitz zuckend die Gipfel erfaßt."

---

30. Young.

(geb. 1681, gest. 1765.)

Herrscher im Reich der Gedanken! Du führest die zitternde
Seele
Jetzt zu der göttlichen Pracht, jetzt zu dem schweigenden
Grab.
Sinnend enthüllst Du mit mächtiger Rede des Geistes Ge-
heimniß —
Nun ein unsterblicher Gott, dann ein verzagender Wurm.
Tief ist die fühlende Brust von gewaltigem Schmerze zer-
rissen,
Glauben und hehre Vernunft heilen die blutende Pein.
Mühvoll strebet der Geist nach dem flüchtigen Schatten des
Ruhmes,
Aber der Lorbeer stillt nicht das gefolterte Herz.
Ach! ein umnachtender Gram schwärzt trübe die düsteren Verse,
Aber in lächelndem Glanz strahle der Jünger Apolls.
Heiter erscheine die Kunst, selbst rührend in schmelzender
Wehmuth,
Und im verklärenden Licht schwinde die Nacht und die
Qual.

---

31. Goldsmith.

(geb. 1728, gest. 1774.)

Mangel ertrugst Du und Noth, doch der strebende Genius
siegte;
Selbst mit dem Schicksal kämpft ringend die große Natur.
Spärlich nur ward Dir im Leben der Ruhm, der Dir
eignet, geboten,
Aber Dir streute die Zeit Blumen mit reichlicher Hand.
Treffend verlachte die sinnige Laune die Welt und ihr Treiben,
Aber Dir fehlte der Muth kühn eine neue zu bau'n.
Zwar schlug frei Dir das Herz von dem nichtigen Tändeln
des Lebens,
Doch auch des Lebens Ernst stählte nicht männlich den
Geist.
So blieb jugendlich blühend der Sinn bis zu späteren
Jahren,
Doch nur im Zwiespalt kann stärkend der Geist sich erzieh'n.
Neidisch entwich Dir der häusliche Kreis und die liebende
Pflege,
Und nach des Lebens Pol suchtest Du irrend umher.
Also gelangte der Geist Dir zu lieblicher, schmeichelnder
Schönheit,
Doch nur energische Kraft schwingt sich zur Größe hinauf.

32. Byron.

(geb. 1788, gest. 1824.)

Reichlich mit Schätzen begabt, Dich selbst und die Welt zu
beglücken,
    Quältest Du grausam Dich selbst, täuschtest Du bitter
die Welt.
O! wie in üppigen Bildern die schwelgende Seele sich wieget;
    Aber ein Schatten umwölkt düster den träumenden Sinn.
Schwirrend mit mächtigem Pfeile bewegst Du die Herzen
in Rührung,
    Aber ein kränkelnder Geist tränket mit Gift das Geschoß.
Edel erhebende Wahrheit entströmet den feurigen Lippen,
    Aber ein siechender Schmerz bleichet den himmlischen Glanz.
Schwankend vom strahlenden Aether hinab bis zur kothigen
Tiefe,
    „Spielest Du blind mit dem Ernst, wird Dir zum Ernste
das Spiel.“
Der mit titanischem Schwung jetzt kühn zu den Wolken
emporstrebt,
    Zehret in frevelnder Lust jetzt an der markigen Kraft.
Ewig das eigene Bild nur entwirft Dein geschäftiger Griffel,
    Aber die kräft'ge Gestalt hüllt sich in Trauergewand.
Zaubernd entflammte Dein Lied für hellenische Freiheit die
Geister,
    Und ein verjüngender Hauch zog durch die alternde Welt.
Hätte Dich sonniges Leben und Freudigkeit Hellas gelehret,
    Traun! Du gewönnest den Geist, und Du entzücktest
das Herz.

33. Corneille.

(geb. 1606, gest. 1684.)

Gallien heißt Dich den Großen, fürwahr ein beneideter
Name;
Wenn er der Würde geziemt, schmückt er Dich ganz nach
Gebühr.
Denn Dein schwellender Vers schwebt prächtig in edeler
Hoheit,
Und ehrwürdiger Ernst hebet und heiligt den Sinn.
Lehren der Weisheit und Tugend verwebtest Du künstlich
dem Liede,
Thränen der Rührung und Lust weinte bewundernd das
Volk.
Männlich verschmähte Dein Herz den entnervenden Flitter
des Hofes,
Streng und verschlossen und wahr lebte der Muse Dein
Geist.
Eitel begehrtest Du nicht nach der flüchtigen Ehre des
Weltmanns;
Still und vertrauend der Kraft, suchtest Du ewigen Ruhm.
Fehler von schwerem Gewicht entstellen den Plan und die
Handlung —
Zoll, wie's billig nur ist, zahlst Du der Zeit und dem Volk.
Schwer vom Zwange der Regeln ist hemmend die Dichtung
gefesselt;
Und einförmigen Sang bringet die Einheit hervor.

---

34. Racine.

(geb. 1639, gest. 1699.)

Reizend in lieblichen Tönen bewegen sich Deine Gebilde,
Und Dein zartes Gemüth malt der harmonische Vers.
Mächtig mit siegendem Feuer ergreifst Du die fühlenden
Herzen,
Lieb' und Verzagen und Weh haucht Dein gewinnendes
Lied.
Und der gewaltige Kampf, der ringend den Busen durch=
wühlet,
Tobet in rührendem Schmerz, folgend der ew'gen Natur.
Doch Dir versagte die Kraft, die mächtig zu Thaten ent=
flammet,
Und vor dem Dichter des „Cid" bleichte Dein tragischer
Glanz.
Und Dein starrer Kothurn schritt träg' in veralteten Gleisen,
Langsamen Ganges und kalt schleichet die Handlung dahin.
Was einst Griechen gedichtet, das sangst Du in schwächerem
Nachklang,
Daß Du auch Größ'res vermocht, lehret Athalia's Wuth.
Furchtsam unmännlichen Sinnes erlagst Du dem leisesten
Tadel,
Und nach des Höflings Ruhm strebte verblendet Dein
Sinn.
Und ein geschmeidiger Diener des launisch knechtenden Königs,
Büßtest Du grausam und hart ach! für den thörichten
Wahn.

Und Dich betrog Dein frommes Gemüth zu der frömmeln=
den Schwäche,
Und mit der Würde zugleich wurde die Muse Dir fremd.
Aber wir lieben das Herz mit dem edlen, dem sittlichen
Wollen,
Redlich, bescheiden und wahr schlug es dem tröstenden
Freund.

35. Molière.

(geb. 1620, gest. 1673.)

Groß muß traun! ich Dich nennen, Du lachender Liebling
Thalia's,
Denn Du entsagtest zuerst kühn dem pedantischen Zwang.
Da noch die fränkische Muse mit zögender Schwere daherschritt,
Hüpftest Du scherzend und leicht, treu der bewegten Natur;
Wo einförmiges Pathos den Sinn einschläfernd erschlaffte,
Füllte Dein wechselndes Lied rüstig mit Leben den Geist.
Frei von den Fesseln der Schulen und fern von gekünstelten
Formen,
Folgtest Du muthig dem Quell, der Dir von innen ent=
strömt.
Und die bewundernden Hörer ergötzte die sprudelnde Laune,
Und man nannte Dich gern Gallien's herrlichste Zier.
Also beugt sich die Welt kaum ahnend der mächtigen
Wahrheit;
Heimisch und traulich erwärmt fühlt das Gemüth sich bei Dir.

Aber die Ziele der Kunst — sie blieben Dir ewig verborgen —
 Nicht durch die nackte Natur hebt sich der Sinn und der
        Geist.
Kraftvoll formtest Du mark'ge Gebilde von irdischem Stoffe,
 Doch nicht der Anmuth Strahl spielte verklärend um sie.
Trefflich verstand Dein Griffel, die Dinge mit Treue zu
        malen,
 Aber im Wirklichen nicht schaust Du der Muse Gestalt.
Sie ist des Stoffes und Geistes geheimnißvolle Vermählung:
 Sicher ergriffst Du den Stoff, neidisch entfloh Dir der
        Geist.
Oft auch entweihst Du die Lippen mit schroff abstoßender
        Derbheit,
 Und ein verfeinerter Sinn wendet mit Zürnen sich ab.
Hättest Du zarten Geschmack mit dem sprühenden Witze
        gepaaret,
 Wahrlich der Thalia Kranz reichte Dir Phöbus mit Stolz.

---

36. Voltaire.
(geb. 1694, gest. 1778.)

Wohl wie die Strahlen der Sonne, so leuchtet Dein Genius
        schimmernd,
 Doch wie auf Wassern sie ruh'n, öd' und unfruchtbar
        und kalt.
Und er erborget die Farben der glanzvoll strahlenden Iris —
 Wie sie im Pfuhle sich malt, nicht an dem Himmelsgewölb.

Muse, verkünde, warum? hat das fühlende Herz ihm ge=
mangelt?

Nein, mit freudigem Sinn half er der darbenden Noth,
Und er befreite mit Liebe die rechtlos leidende Unschuld,
Redlich, den Freunden getreu schlug die empfindende
Brust. —

Oder versagte der Geist ihm neidisch den sprudelnden Reich=
thum?

O! in unendlicher Zahl strömten die Lieder hervor. —
Oder es fehlte das Streben? Fürwahr es geziemt ihm die
Krone

Mühvoll eifriger That, ernster und thätiger Kraft.
Willig gehorchte der Leib dem Gebot des geflügelten Geistes,
Nur dem ereilenden Tod wich der unbeugsame Fleiß. —
Nun denn, o Muse, warum? Weil immer der Geist aus
sich selbst nur

Nahrung und Leben und Mark eitel zu saugen gewähnt;
Weil er, im Jetzt nur versunken, die Zukunft nimmer geahnet,
Und das unendliche Maaß endlosen Seins ihm gefehlt;
Weil kein mächtiger Flügel mit göttlich begeistertem Schwunge
Ueber das enge Gewirr irdischer Gränzen ihn hob.
So floß reichlich der Quell des stolz hoffärthigen Wahnes,
So der verwegene Witz, höhnend und spottend der Scheu.
Fröstelnd ergreift uns die Kälte der spielend berechneten Verse,
Vor dem gemeinen Geschmack fliehet die Keuschheit verletzt.
Mühsam erheuchelt ein künstlicher Eifer das heilige Feuer,
Doch nur dem reinen Gemüth leihet es gnädig Apoll.
Prunkvoll prahlen die Helden, doch nimmer der muthige Auf=
schwung,

Der wie entzündende Gluth flammend zu Thaten erweckt!

16

Oft zwar tobt der Affekt mit klangreich tönendem Wortschall,
Doch aus der Tiefe nur strömt, was die Gemüther bewegt.
Wohl auch bekämpft er die Lüge, doch nimmer erforscht er
die Wahrheit,
Weiß er zu führen den Schlag, fehlt ihm die heilende
Kraft.
Mangelnd des sichern Magnetes, ein Schifflein auf tosenden
Wellen,
Ist er am wüstem Gestad' elend und traurig zerschellt.

37. Die Minnesänger.

Glückliche Sänger der Liebe! die willig von muthigen Rittern,
    Willig von trefflichen Frau'n hörten den richtenden Spruch.
Euch war süßester Lohn ein Blick aus den Augen der
                   Schönheit,
    Herrlichste Labung ein Trank perlenden, funkelnden Weins.
Wie hellblinkend die Sterne das nächtliche Grauen erleuchten,
    So glänzt Euer Gesang lieblich durch finstere Zeit.
Wie vor dem Frühlingsstrahle das Eis der Gewässer dahin-
                schmilzt,
    Schwand vor dem Hauche des Lieds Wildheit und rohe
                Gewalt.
Ueber die Steppen der Oeden ergoß sich die schimmernde
                Schönheit,
    Und mit duftiger Pracht schmückte sich lachend die Flur.
Flieh'n ach! mußten die zaub'rischen Zeiten; dem Denken
                zum Raube
    Stürzte die Lieb', und es wich schüchtern die Kraft vor dem
                Recht.
Wohl noch herrschen die Frau'n, anspornend zu trefflichen
                Thaten,
    Doch nicht Scepter und Stab führen sie richtend mit Gunst

16*

38. Die Meistersänger.

Gern steigt Phöbus hinab von des Pindus ragenden Höhen,
Schürend die Flammen des Lieds unter bescheidenem
Dach.
Denn nur das reine Gemüth und die lautere Tugend be-
gehrt er,
Ja, und die Hütte verschönt magisch sein Hauch zum Palast.
Kernige Sänger des Volks, die des Daseins niederen Kreislauf
Mit reichsprudelndem Sang heiter beseelten und rein.
Derb zwar tönte die Leier und fremd dem empfindlichen
Ohre,
Aber der kostbare Stein harrte der glättenden Kunst.
Gern beugt Euer Geschlecht sich dem großen, unsterblichen
Meister,
Der in unendlichem Sang Fülle des Witzes ergoß.
Hoch schwebt jetzt er im Kreis der gefeierten Priester der
Musen,
Dort, wo einzig der Geist schauet und wäget den Geist.
Ja, auch die Ritter, die stolz mit der Reihe der Ahnen sich
rühmen,
Tausendjähr'gen Geschlechts, weichen mit Demuth und
Gruß.

Trauend der eigenen Kraft, fühlt ahnend das Volk, daß
nach Gnade
Adel verleiht die Natur, siegend der Genius herrscht.
Und es empfanden die Sänger: die Muse verschönt wohl
das Leben,
Doch als des Lebens Ziel gelte die schaffende That.

39. Luther.

(geb. 1483, gest. 1546.)

Wie der geharnischte Geist des Betruges Gewebe zer-
störte,
Also kämpfte der Mund, adelnd das heimische Wort.
Wohl war Gleichniß und Rede wie Feuer und Stürmen
der Schlachten,
Denn sie verfolgten den Feind bis sie ihn siegend zermalmt.
„Engel sprachen zuerst durch Dich in germanischer Zunge,"
Und die ergriffene Zeit lauschte wie Du es geführt.
Und Dein herrliches Lied — wie's tröstet und stärkt und
entzündet!
Traun! einer ewigen Burg gleichet Dein markiger Sang.
Denn aus dem sprudelnden Borne des hochaufwallenden
Herzens
Floß Dein erbauliches Wort — ewig erhebt es das Herz.

40. Gellert.

(geb. 1715, gest. 1769.)

Schmeichelnd gewannst Du die Herzen des Volkes durch
ruhige Einfalt,
Denn auf die Herzen allein wirktest Du und auf das
Volk,
Sei's daß sinnige Wahrheit in kindlicher Fabel Du lehrtest,
Oder im geistlichen Lied rührtest das fromme Gemüth.
Also wardst Du für Viele der Lehrer und freundliche Führer,
Wie man den Vater verehrt, liebte man kindlich Dich gern.
Dein demüthiger Sinn wird dauernd die Seelen erquicken,
Und wie ein freundlich Gestirn leuchtest Du uns durch
die Zeit.
Ehrend erhob, auszeichnend, der große Monarch Deine
Gaben;
Ach! den germanischen Geist schmähte der große Monarch.
Schön wohl zeigtest Du deutsches Gemüth und erquickende
Wärme,
Doch die teutonische Kraft fehlte, Dir fehlte der Schwung.

41. Klopstock.

(geb. 1724, gest. 1803.)

———

Edel erglühte der männliche Sinn Dir im deutschen Gefühle,
Und aus dem Herzen entquoll mehr als dem Geiste
das Lied.
Da Dir als Jüngling der Busen in Gram und Entrüstung
entbrannte,
Daß uns im epischen Sang Römer und Grieche beschämt,
Wähltest Du treffend den Pfad, Dir die ewigen Kränze zu
pflücken,
Aber vom richtigen Ziel irrte bethört Dir der Blick.
Sang nicht von Griechen Homer, von Rom nicht Virgilius'
Leier?
Nicht zu Germaniens Ruhm konntest die Deine Du weih'n?
Doch Dich verlockte das fromme Gemüth zum ätherischen Lichte;
Und wir bewundern Dein Herz, spärlich behagt uns
Dein Lied.
Oden antik und gelehrt ersannst Du mit vieler Begeist'rung,
Aber der Sänger Apoll's redet zum Menschen als Mensch.

42. Wieland.

(geb. 1733, geft. 1813.)

———

Wohl war herrlich und glänzend der Geist und das Herz
Dir begabet —
Ach! der zersplitterte Geist und das vertändelte Herz.
Ueppig verriethst Du, entnervt, den germanischen Genius
frevelnd,
Buhltest in schwankendem Sinn eitel mit fränkischer Kunst.
Unstät suchtest Du, irrend umher auf verworrenen Pfaden,
Denn dem verweichlichten Sinn fehlte das richtende Maaß.
Und Du genossest des Ruhms zu flüchtig verblühende
Kränze:
Dienst Du nur Deinem Geschlecht, welkest Du mit
dem Geschlecht.
Selbst nicht der Freunde Gemüther vermochtest Du sühnend
zu binden,
Siehe! der edlere Theil wandte sich zürnend Dir ab.
Warnung bist Du der Welt und ernstlich ermahnende
Lehre:
Nur wer die Herzen erhebt, klimmt zum unsterblichen Ruhm.

———

43. Lessing.

(geb. 1729, gest. 1781.)

Gönnt ihm ein Plätzchen im hohen Parnaß, ihr Sänger
und Musen,
Der wie ein feuriger Held kämpfte für Euch und die Kunst.
Rüstig mit männlichem Willen zermalmt' er die Götzenaltäre,
Die zu Germaniens Schmach beugten Germaniens Geist.
Rastlos trotzt' er dem hohlen Betruge der fränkischen Muse,
Und zu dem Dichterthron hob er den Britten empor.
Muthig zerbrach er und zürnend die Fesseln nachahmender
Falschheit,
Und zur ew'gen Natur führte sein Ernst uns zurück.
Vor ihm zerstoben wie Schatten die schimmernden Lügen=
gestalten,
Und er enthüllte gewandt griechischen Sinn und Geschmack.
Wohl stand klar vor dem Geist ihm das Urbild ewiger
Schönheit;
Daß er es dichtend uns zeigt, wehrte versagend Apoll.
Kühn mit durchdringendem Auge zertheilt' er die Nebel des
Wahnes,
Und vor dem staunenden Blick strahlte der Wahrheit
Gestalt;
Und in der Wahrheit Geleit war Duldung und liebende
Milde,
Und wie im magischen Ring einte sein Nathan die Welt.

Gönnt ihm ein Plätzchen im hohen Parnaß, ihr Sänger
und Musen:
Reift' ihm nicht selber die Frucht, reinigt' er säubernd
die Flur.
Einst ward auch dem Alciden die Pforte des Himmels geöffnet,
Nicht weil er Göttliches schuf, weil er die Falschheit bezwang.

---

44. Herder.

(geb. 1744, gest. 1803.)

Sicher betratst Du der Dichtung Spuren mit treuem Ge-
fühle,
Ahnend erkanntest Du tief, daß der Natur sie entstammt.
Und es erneute Dein Lied die erhabenen Klänge der Vorzeit,
Ossian's kühnen Gesang und den prophetischen Spruch.
Und mit erhab'ner Begeist'rung erforst Du die heilige
Dichtung,
Zion's Leier erklang wieder in feurigem Schwung.
Rein, mit empfänglichen Sinnen ergriffst Du das Schaffen
der Völker,
Zu Dir sprach die Natur traulich in jedem Gewand.
Innig erglühte das Herz von der Wärme des Guten und
Wahren,
Und statt gläubigen Zwangs lehrtest Du menschliche
Pflicht.

Doch die begränzende Schärfe, des Urtheils sichtende Klarheit,
Die Deinen Meister geziert, fehlte zum Schaden dem Geist.
Regellos gleich dem Gefühle, dem schäumenden, war Dir
der Kunsttrieb,
Ja, und ein Schrei der Natur schien Dir das höchste Gedicht.
Kühn, so meintest Du, soll das Genie die Fesseln verspotten,
Doch im entfesselten Drang zeigt sich die Schönheit Dir
nicht.
Redlich bekämpftest Du zwar der Künstlichkeit hemmende
Schranken,
Doch mit der Schranke zugleich stürztest Du auch das
Gesetz.

45. Bürger.

(geb. 1748, gest. 1794.)

Zwischen Natur und der Kunst bewegte Dein Dichten sich
glücklich,
Schaffend mit fühlendem Drang, formend mit denken=
dem Fleiß.
Und Dein tiefes Gemüth hieß wahr Dich und innig empfinden,
Und Dein männlicher Sinn lieh Dir das kräftige Wort.
Mühvoll strebte Dein Sang nach des Volks einstimmigem
Beifall,
Denn wie der Sonne Gestirn leuchte das Schöne der Welt.
Vorbild war Dir und Muster der Britten unsterblicher Meister,
Wärst Du ihm o! auch im Maaß und in der Würde getreu.

Doch oft folgteſt Du jäh der entfeſſelten, wilden Empfindung,
Welche die Regel zerſtört, taumelnd die Schönheit ver=
höhnt.
Steigend zu lodernden Flammen entbrannten die ſprühenden
Funken,
Und zum grauſigen Schreck tobte der männliche Muth.
Wer mit durſtigen Zügen geſchlürft an Kaſtalia's Quelle,
Lächelt in ſonnigem Glanz ſelbſt bei der Leidenſchaft Sturm.
Wer als Diener Apoll's will Völker entzücken und lehren,
Reife veredelnd den Geiſt, zügle die ſprudelnde Kraft.

46. Goethe.
(geb. 1749, geſt. 1832.)

Reich wie dem kräftigen Stamme die Blätter im Frühling
entſprießen,
Alſo entkeimten dem Geiſt Knospen in namloſer Zahl.
Freundlich beſchützte das Schickſal die ſchimmernden Blüthen
der Jugend,
Und zu der herrlichſten Frucht reiften in Fülle ſie Dir.
Deinem umfaſſenden Blick war offen die Welt und die
Menſchheit,
Und in die reiche Natur drangſt Du mit ahnendem Sinn.
Wie von erhabener Warte durchforſchteſt Du ſpähend das
Leben,
Und in bezauberndem Wort lehrteſt Du was Du erforſcht.
Aber Du ſchätzteſt in Wahrheit den menſchlichen Adel zu niedrig:
Borget doch leicht von ſich ſelbſt Jeder das Maaß für die Welt.

Nicht in des Geistes Geheimniß erschien Dir die Quelle
des Wahren:
Wer von den Dingen nur leiht, baut auf vergänglichen
Grund.
Also gewähren wir willig dem Reichthum uns're Bewun=
d'rung,
Aber wir schenken das Herz dem nur, der Herzen erhebt.
Lebend gebotst Du der Zeit wie ein Herrscher mit mächtigem
Scepter,
Aber das spät're Geschlecht richtet und wäget den Mann.

---

47. Joh. Heinr. Voß.
(geb. 1751, gest. 1825.)

Biederer Mann der Natur mit der markig teutonischen
Kernkraft,
Der mit rüstigem Ernst Wahrheit und Tugend erstrebt!
Der in dem ehrlichen Lied abspiegelt die ehrliche Seele,
Und in gesundem Gesang läutert die Herzen und stählt,
Der von dem tändelnden Spiel arkadischer Schäfergesänge
Uns zu der deutschen Natur, deutschen Gefilden geführt.
Selbst ein „verspäteter Grieche", versucht er im ländlichen
Liede
Kühn den verwegenen Kampf mit der hellenischen Kunst;
Ja, des ionischen Meisters unsterbliche Muse belauscht er,
Zeigt sie in prächtigem Vers schön dem germanischen Volk,

Oeffnet unendliche Quellen des reinen, geweihten Ergötzens,
    Mehret der heimischen Red' emsig erworbenen Schatz,
Dringet, ein Kind der Natur, ihr verborgenes Schaffen
            erspähend,
    Mit frei forschendem Sinn ernst in den klassischen Geist,
Herzen erquickend und stärkend durch nimmer verwelkende
            Schönheit,
    Bannend das nichtige Spiel eiteln Wörtergefechts,
Das Jahrhunderte lang die vortrefflichsten Geister bethörte,
    Wie nutzloses Gestrüpp wuchert auf blühender Flur.
Forschend verfolgt er die Dichtung zurück zum verborgensten
            Anfang,
    Und in der ew'gen Natur sieht er die Spur und den
            Quell.
Immer dem männlichen Adel getreu, strebt rüstig die Seele,
    Würdig in würdigem Wort prangen Gedanken und Bild,
Mit sorgfältigem Fleiße den Sprachbau regelnd und bildend,
    Bis sein mühsamer Fleiß dunkele Schwere gebiert. —
Ehre geziemt Dir und Ruhm! Was der Wille vermag und
            die Thatkraft,
    Lehrt Dein beharrlicher Ernst, lehrt Dein bescheidener Sinn.
Und was die Wahrheit gesäet, ist unzerstörbar und ewig;
    Spät noch sproßt Dir der Keim, reift Dir die schwellende
            Frucht.

48. Schiller.

(geb. 1759, geft. 1805.)

———

Du Trefflicher, den alle Herzen lieben,
Du Herrlicher, der jeden Geist besiegt,
Zu dem die Seele, unsichtbar getrieben,
Wie zu der eig'nen, heil'gen Heimath fliegt,
Du, dessen Ruhme tausend Lieder klingen,
Kann ich mit neuem Lobe Dich besingen?

Doch wer pries nicht das holde Licht der Sonne?
Wer nicht der Nachtigallen süßen Schlag?
Füllt nicht der Frühling jedes Herz mit Wonne,
Daß es wetteifernd ihn erheben mag?
Weil sie so reich, so unerschöpflich strahlen,
Kann jede Brust in eig'nem Glanz sie malen.

Des Lebens eitel, nichtiges Gepränge
War reizlos Deinem Ohr vorbeigetönt,
Den Schmuck nur suchtest Du im Weltgedränge,
Der ächt und wahr den Sinn erhebt, verschönt:
Leicht konntest Du der ganzen Welt entsagen,
Der eine schön're Welt im Geist getragen.

Und von der Erde niedrig dumpfen Tiefen
War kühn Dein Sinn zum Aether hingewandt,
Und die Gedanken, die verborgen schliefen,
Sie wurden kühn durch Dich hervorgebannt:
Der Dinge Wesen wolltest Du ergründen,
Den stät'gen Pol im blinden Wechsel finden.

Da Du ein Kind noch, als der Donner krachte,
Den Baum erstiegst, zu schau'n, woher er rollt,
Enthüllte sich's aus tiefstem Herzensschachte,
Was mit Dir hat des Himmels Rath gewollt:
Des Blitzes feur'ger Glanz erschreckt Dich nicht,
Denn er entstammt wie Du dem ew'gen Licht.

Schon damals wogte frisch im jungen Herzen
Ein heiliges Gefühl in mächt'gem Drang,
Da selbst in Deines Frohsinns kind'schen Scherzen
Ein hoher Ton, die Herzen fesselnd, klang:
Du predigtest das Wort in dunklen Trieben,
Und bist dem Amt durch's Leben treu geblieben.

Der Jüngling ward dem Vaterhaus entrissen,
Und knechtisch harter Obhut anvertraut,
Gedrängt zu widerstrebend fremdem Wissen,
Das keine Lust in Dein Gemüth gethaut:
Wohl mancher Geist ist in dem Joch versunken,
Doch Du hast neue Stärke dort getrunken.

So schießt die Eich' empor zum Himmelsraume,
Wenn auch Gestein den zarten Stamm bedeckt,
Die Urkraft wirkt im majestät'schen Baume,
Der allbezwingend sich zum Aether streckt:
Er wird des wilden Sturmes trotzend lachen,
Wenn ringsumher die Fichten stürzend krachen.

Und dieses Riesengeistes erste Früchte
Bestürmten mit Titanenmacht die Welt,
Denn wie mit glühend feur'gem Blitzeslichte
Erschienen alte Uebel aufgehellt:
Wohl mochten Schwache vor dem Sturme zagen,
Doch nur der Sturm kann schwüle Lüfte jagen.

Nicht Furcht, nicht Noth vermochten ihn zu brechen,
Und seinen großen Sinn herabzuzieh'n;
Verleumdung konnte selbst die Kraft nicht schwächen,
Die seinem Geist den Aether-Schwung verlieh'n:
Es liebt die Welt das täglich Allgemeine,
Verschmäht, verfolgt das Große, ewig Reine.

Der wilde Jünglingsrausch ist schnell entschwunden,
Mit klarem Blick schaut er in sein Gemüth,
Und bald hat er den Zauberspruch gefunden,
Durch den allein das ächte Glück erblüht:
Er lernt des Geistes Ungestüm zu zähmen,
Und doch die mark'ge Stärke nicht zu lähmen.

Er zieht sich ganz zurück in seinen Busen,
Und läutert ihn von allen Schlacken rein;
Im trauten Umgang mit dem Chor der Musen,
Da muß ihm still die schöne Frucht gedeih'n:
Bis einen Himmel er sich selbst gebauet,
Aus dem er heiter, herrschend niederschauet.

Und nun durchweht den Geist ein sel'ger Friede,
Und reines Herzensglück ist nun sein Theil,
Und aus dem wonnig seelenvollen Liede.
Entströmt in jeden Busen Trost und Heil;
Und in geheimnißvollen Zaubertönen
Erklingt der Schatz des Guten und des Schönen.

Und immer edler prangt des Herzens Fülle,
Und immer reicher strahlt des Geistes Licht,
Und seines Strebens männlich starker Wille,
So scheint es, kennt des Schaffens Gränze nicht
Da, da in seiner Jahre schönster Kraft
Hat ach! der neid'sche Tod ihn fortgerafft.

So ruhe sanft! Du hast im kurzen Leben
Die reichste Saat mit voller Hand gestreut;
Du hast dem Dasein einen Reiz gegeben,
Der frisch und jugendvoll sich stets erneut:
Ein Bote warst Du uns aus bessern Sphären,
Uns als Prophet den Pfad zum Heil zu lehren.

Und Deine Saaten werden wunderbar erblühen,
Für edle Pflicht und Recht wird jedes Herz erglühen,
Die Welt füllt wachsend sich mit schönen Idealen,
Und wird, vom Staub erlöst, in heil'ger Liebe strahlen:
Doch Dich wird noch mit Ruhm die späte Nachwelt kränzen,
Und über alle Lande wird Dein Name glänzen.

---

49. Theodor Körner.

(geb. 1791, gest. 1813.)

Naht sich ein Jüngling nicht dort, noch bedeckt mit blutigen
Wunden?
Schaut! und mit Leier und Schwert wundersam ist er
geschmückt.
Trauernd senkt sich das Haupt wie von nagendem Kummer
zerrissen;
Ja, die Verzweiflung ringt trüb' in dem thränenden Blick.
Folge getrost mir, o Freund, und vertraue dem Gotte der
Musen,
Herrlich und neidenswerth schaff' ich Dein himmlisches Loos.
O, Dir gehört meine Liebe, Dich ehr' ich, Du krieg'rischer
Sänger,
Blutige Schlacht und Gesang liegt mir am Herzen wie Dir.—
Wie? Du erschrickst? Du weichest zurück und entziehst Dich
dem Sitze,
Den ich Dir willig bewahrt neben Germaniens Stolz?

Neben dem Geift, der auch für das Recht und die Freiheit
erglühte,
Der uns vom Moor bis zum Tell „Tod den Thrannen"
gelehrt?
Muthvoll haft Du geschlürft von dem Nektar seines Ge-
sanges,
Weil Du ihm gläubig gefolgt — sei ihm zur Seite
Dein Platz. —
Ah! ich verstehe Dich wohl, und der Demuth Krone ver-
dienft Du,
Sei ihm zu Füßen Dein Sitz, wie es dem Jünger gebührt.
Und Du reichft ihm zuweilen die Leier, er singt und wir
lauschen,
Dir als dem jüngeren Mann bleibe die Waffe des Schwerts;
Und wenn Knechtschafts = Fesseln Germanien's Völker be-
drohen,
Zeigft Du als Kriegsgott Dich — und als ihr Sänger
zugleich.

50. Die Romantiker.

Täuscht mich ein lieblicher Traum, und hält mich ein Zauber
gefesselt?
O wie das Bildergewühl gaukelt im bunten Gemisch!
Elfen in duft'gen Gestalten beleben die würzigen Lüfte,
Trauliche Geister des Glücks drängen sich rettend zu mir.
Nochmals klirret die sausende Lanze des Ritter=Turnieres,
Nochmals schäumet das Roß, keucht auf der blutigen
Bahn.
Wieder entscheiden die Frauen in Liebe die Thaten des
Mannes,
Sieh', und der siegende Held beugt sich in Wonne dem
Spruch. —

Eifrig, gelehrig ergriff man den Schatz fremdländischer
Dichtung,
Mehrend den Geist und das Wort, prangt sie in deutschem
Gewand.
Aber die sprudelnde Quelle des eigenen Schaffens versiegte,
Und nachahmend erlahmt' ängstlich der wagende Flug.
Und mit den luftigen Bilder erblaßte die Strenge des
Denkens,
Gleichend der Schattengestalt ewig entschwundener Zeit.

Künstlich auch sollte das Leben mit Reizen der Dichtung
sich paaren,
Ja, von des Glaubens Gewalt sollte sie Zauber sich leih'n.
Doch traun! wenn nicht von innen das Leben sich bildet mit
Urkraft,
Giebst Du nach Regeln umsonst Form ihm und Richtung
und Maaß.
Ach! und vergebens betrüget das Tändeln die zweifelnde
Seele —
„Hört sie die Botschaft zwar, fehlt ihr der gläubige Sinn."

www.ingramcontent.com/pod-product-compliance
Lightning Source LLC
Chambersburg PA
CBHW030350270326
41926CB00009B/1033